Siegfried Stein

Gemüse

Gärtnern leicht und richtig

Siegfried Stein

Gemüse

Die Deutsche Bibliothek –
CIP-Einheitsaufnahme

Stein, Siegfried:
Gemüse / Siegfried Stein. –
München; Wien; Zürich: BLV, 1992
  (Gärtnern leicht und richtig)
  ISBN 3-405-14246-6
NE: HST

Bildnachweis

Alle Fotos vom Autor außer:
Firma Beckmann, Wangen: 27r
Reinhard: 47, 79 r, 85 r
Sammer: 90

Grafik: Peter Pfitz

Umschlaggestaltung:
Studio Schübel, München

Umschlagfotos:
Vorderseite: A. Felbinger
Rückseite: S. Stein

BLV Verlagsgesellschaft mbH
München Wien Zürich
8000 München 40

© 1992 BLV Verlagsgesellschaft mbH,
München

Das Werk einschließlich aller seiner Teile ist urheberrechtlich geschützt. Jede Verwertung außerhalb der engen Grenzen des Urheberrechtsgesetzes ist ohne Zustimmung des Verlags unzulässig und strafbar. Das gilt insbesondere für Vervielfältigungen, Übersetzungen, Mikroverfilmungen und die Einspeicherung und Verarbeitung in elektronischen Systemen.

Lektorat: Barbara Kiesewetter
Layout: Anton Walter, Gundelfingen
Herstellung: Ernst Großkopf
Satz: Weihrauch, Würzburg
Druck: Appl, Wemding
Bindung: Auer, Donauwörth

Printed in Germany
ISBN 3-405-14246-6

INHALTSÜBERSICHT

6 Gemüse und Kräuter im Freiland und Gewächshaus
Zur Anlage und Größe — 6
Fruchtwechsel — 8
Anbauplan — 9

12 Wie geht man mit dem Gartenboden um
Verbesserung der Bodenstruktur — 13
Kompostieren – Humus aus Ernterückständen — 14
Gründüngung — 16
Pflanzenernährung und Bodenverbesserung — 18

20 Mischkulturen lösen manches Problem
Hügelbeete und Hochbeete — 22

24 Verfrühung durch Folie und Vlies
Frühbeete und Gewächshäuser — 24

28 Pflanzenschutz
Nützlinge — 28
Die wichtigsten Nützlinge — 30

34 Saatgut und Saatgutformen
Samenbeizung — 36
Aussaat im Freien — 37
Aussaat im Zimmer — 38

42 Blattgemüse
Blumenkohl — 42
Brokkoli — 43
Chinakohl — 43
Pak Choy — 44
Butterkohl — 44
Grünkohl — 45
Kohlrabi — 46
Rosenkohl — 47
Rotkohl-, Weißkohl-, Wirsingkohl — 48
Mangold — 50
Spinat — 51

52 Salate
Chicoree — 52
Endivie — 53
Eissalat — 54
Feldsalat — 55
Kopfsalat — 56
Pflücksalat — 57
Radicchio — 58
Römersalat — 58
Schnittsalat — 58
Winterportulak — 59
Zuckerhutsalat — 59

60 Hülsenfrüchte
Buschbohnen — 60
Puffbohnen — 61
Stangenbohnen — 62
Erbsen — 63

64 Fruchtgemüse
Gurken — 64
Kürbisse — 66
Squash — 67
Spaghettikürbis — 67
Melonensquash — 67
Zucchini — 68
Melonen — 68
Auberginen — 69
Paprika — 70
Tomaten — 71

74 Wurzel- und Knollengemüse
Knollenfenchel — 74
Möhren — 74
Pastinaken — 76
Blatt- und Wurzelpetersilie — 76
Radieschen — 77
Rettich — 78
Schwarzwurzeln — 80
Sellerie — 80
Kohlrüben — 82
Rote Rüben — 82
Mairüben — 83
Stielmus — 83

84 Zwiebelgemüse
Porree — 84
Knoblauch — 85
Zwiebel — 86
Etagenzwiebel — 87
Schalotten — 87

88 Besondere Gemüsearten
Artischocken — 88
Cardy — 89
Grün- und Bleichspargel — 89
Rhabarber — 92
Zuckermais — 93
Heil-, Duft- und Würzkräuter für den Garten — 94

98 Register

GRUNDLAGEN

Gemüse im Freiland und Gewächshaus

Gemüse aus dem eigenen Garten, stets knackfrisch und ohne Einkaufsstreß zur Hand, ohne Spritzmittel herangewachsen und aus Sorten, die schmecken – diesen Wunsch kann sich jeder erfüllen, der über ein wenig Land verfügt. Der eigene Gemüsebau ist längst zu einem Hobby, zum schönen und zugleich nützlichen Zeitvertreib geworden, der die Haushaltskasse entlastet. Ja, sogar auf dem Balkon und auf der Terrasse gedeiht schmackhaftes Gemüse, wenn auch die in Gefäßen erzeugten Mengen keine Großfamilie ernähren können. Wie groß soll die Gemüseecke sein? Zwangsläufig fällt es schwer, hier eine genaue Antwort zu geben. Wie viel wird zugekauft? Wie groß ist der Appetit der Familienmitglieder? Zählt man die immer etwas größeren Flächen für Kartoffeln und Erdbeeren mit? Falls ja, rechnet man pro Person mit 30–35 m². Die reine Gemüsefläche ist bei heutigen Verzehrsgewohnheiten und rationeller Mischkultur eher mit 15–20 m² pro Person anzusetzen. Der Plan auf Seite 8 läßt sich jeweils um einen Quadratmeter erweitern und damit jeder Gartengröße anpassen.

Schon wenige Quadratmeter reichen für eine Familie aus

Zur Anlage und Größe

Jeder Gemüsegarten erfordert grundsätzlich volle Sonne, am besten von Sonnenaufgang bis Sonnenuntergang. Das Licht als Energiequelle ist für alle Pflanzen unverzichtbar, vor allem, wenn von ihnen hohe Erträge erwartet werden. Daß einige wenige wie zum Beispiel Rote Rüben (Randen), Schnittsalat, Spinat, Mangold mit Halbschatten auskommen, darf nicht dazu verleiten, das Gemüse im Schatten oder unter Obstbäumen anzubauen. Zu wenig Licht führt dazu, daß der Kopfsalat sich nicht schließt und die Köpfe locker bleiben, daß Radies und Rettich keine Knollen bilden, sondern sofort schießen, und Tomaten erst sehr spät reifen. Sind Frühbeete oder ein Gewächshaus geplant, muß für sie unbedingt die sonnigste Stelle reserviert werden. Ansonsten lohnt diese Investition kaum. Ein Gemüsegarten ist kein Ziergarten (obwohl man beides miteinander verbinden kann.) Er

GRUNDLAGEN

muß daher von vornherein auf rationelles Arbeiten ausgerichtet sein mit geraden Beeten, die eine Pflanzung in Reihen zulassen, mit genügend breiten Wegen (75–100 cm) für befahrbare Hauptwege, 40 cm für Quer-/Tretwege zwischen den Beeten), mit einer Wasserleitung und einem Kompostplatz an schattiger und gut zugänglicher Stelle (z.B. unter Obstbäumen).
Als Beetbreiten haben sich aus praktischen Gründen 120 cm oder 100 cm bewährt. Damit kann man sie der Körpergröße entsprechend von beiden Seiten bearbeiten und beernten. Auch Hilfsmittel wie Folie und Vlies

Im Gewächshaus gedeihen auch anspruchsvolle Kulturen

sind auf diese Werte eingestellt. Windschutz durch dichte Hecken, Mauern, Zäune bekommt wärmeliebenden Südländern wie Tomate, Paprika, Auberginen, Gurken, Melonen und Kürbisgewächsen gut. Er hat jedoch auch Nachteile, weil sich an geschützten Ecken die schädlichen Gemüsefliegen wie Möhrenfliege, Radies- und Rettichfliege, Kohlfliege gern zur Eiablage niederlassen. Vermadetes, nicht verwertbares Gemüse ist das Resultat. Auch Pilzkrankheiten sind weniger häufig zu erwarten, wo etwas Wind die Blattflächen abtrocknen läßt. Wo machbar, sollte daher dem Wind in der West-Ost-Richtung Zugang gewährt werden. Empfindliche Gemüsearten lassen sich auch durch Nutzpflanzen wie Beerenobst, Zuckermais-Streifen, Stangenbohnen, Gründünger oder Sonnenblumen schützen. Als Windbrecher sind auch schnellwüchsige Sommerblumen und Kräuter geeignet, von denen einige als Hort für Nützlinge dienen und damit noch einen guten Zweck erfüllen (s. S. 94).

GRUNDLAGEN

Fruchtwechsel

Wer immer die gleichen Pflanzen an derselben Stelle anbaut, bekommt die Folgen bald zu spüren: Es werden einseitig Nährstoffe entzogen, Mangel tritt auf; die Abfallstoffe der Pflanzen reichern sich an, und auf diese Wirtspflanzen spezialisierte Bodenschädlinge wie z.B. Fadenwürmer (Nematoden) oder die Kohlhernie (s. S. 33) vermehren sich. Bodenmüdigkeit und verkrüppeltes, schwachwüchsiges Gemüse sind dann nicht zu vermeiden. Ein Wechsel nicht nur der Pflanzen, sondern sogar der Pflanzenfamilien in einem 5–6jährigen Rhythmus gleicht dies aus. Besonders gefährdet sind die Kreuzblütler (*Cruciferae*, Kohlgewächse), zu denen neben allen Kohlarten auch Brokkoli, Brunnen- und Gartenkresse, Löffelkraut, Pak Choi, Meerrettich, Radies, Rettich, die Gründüngungspflanzen Ölrettich, Raps und Senf sowie Blumen wie zum Beispiel Levkojen und Goldlack gehören. Auch die Doldenblütler leiden stark darunter. Zu ihnen zählen Anis, Dill, Fenchel, Kerbel, Möhren, Koriander, Kümmel, Liebstock, Pastinaken, Petersilie und Sellerie.
Rosengewächse wie Erdbeeren, Rosen, Kirschen, Pflaumen, Äpfel oder Birnen leiden stark unter der Nematodengefahr und bei den Schmetterlingsblütlern (Leguminosen) häufen sich Bodenpilze.
Zu diesen Stickstoffsammlern gehören Bohnen, Erbsen, Stangenbohnen und die Gründünger Esparsette, Klee, Lupine, Luzerne, Serradella und Wicke.

Anbauplan für 4-Jahres-Rhythmus in erprobten Mischkulturen

Beet 1	Beet 2	Beet 3	Beet 4	
1. Reihe 4 Erdbeer-Pflanzen 2. Reihe 8 Kohlrabi-Pflanzen oder Dicke Bohnen (Puffbohnen) 3. Reihe 4 Erdbeeren-Pflanzen	1. Reihe Radies und Pflück- salat 2. Reihe Erbsen 3.–5. Reihe Spinat 6. Reihe Erbsen 7. Reihe Radies und Pflück– salat	1. Reihe Radies danach 2 × Stangenbohnen 2. Reihe Schnittsalat 3. Reihe 2 Zucchini – 6 Pflücksalat 4. Reihe Schnittsalat 5. Reihe Radies danach 2 × Stangenbohnen	1. Reihe Möhren und Zwiebeln 2. Reihe 8 Kohlrabi-Pflanzen 3. Reihe 3 Eissalat – später Tomaten 4. Reihe 3 Frühkohl-Pflanzen 5. Reihe Möhren und Zwiebeln	Aussaat im April
Juni: Kohlrabi bzw. Dicke Bohnen (Puff- bohnen) ernten **Juli:** Erdbeeren ernten	**Mai:** Frühradies ernten Spinat ernten **Juni:** Pflücksalat ernten **Juli:** Erbsen ernten – nach Pflücksalat Sommerradies säen	**Mai:** Radies und Schnittsalat ernten, auf dieser Fläche 2 Reihen Stangenbohnen säen (Abstand 40 × 60 cm) **Juni:** Pflücksalat ernten	**Mai:** zwischen Eissalat 2 Tomaten pflanzen (40 cm Abstand) **Juni:** Kohlrabi ernten **Juli:** Frühmöhren ernten Frühkohl ernten	das ändert sich im Frühsommer
August: Erdbeeren werden ent- fernt (neu auf Beet 2), auf der ganzen Fläche Gründüngung säen	**August:** Erbsen und Radies ent- fernen, neue Erdbeeren pflanzen (Abstand 60 × 25 cm). In der Mittelreihe Endiviensalat oder China- kohl pflanzen (Abstand 25 cm)	**August/September:** Stangenbohnen ernten, dann abräumen Ende September: ganz- flächig Feldsalat säen	**Anf. August:** – vorgezogene Pflanzen von Knollenfenchel, Kopfsalat oder Endivien pflanzen (auf Kohlrabi/ Kohlreihen, 25 cm Abstand). Zwiebeln ernten, darauf Winterrettich säen	das ändert sich im Herbst

GRUNDLAGEN

Im Gewächshaus sind insbesondere Gurken durch den Bodenpilz *Fusarium* dem Erreger der Welkekrankheit gefährdet. Ein greifbarer Plan, der für eine gewisse Rotation sorgt, gleicht mögliche Fehler von vornherein aus.
Er kann auch die unterschiedlichen Nährstoffansprüche berücksichtigen. Sellerie, Porree, Erbsen, Bohnen und Gründüngung (besonders mit Leguminosen) hinterlassen einen reichen Vorrat an humusbildenden Ernterückständen und Nährstoffen, ähnlich wie eine Düngung mit Mist oder gut gepflegtem Kompost. Starkzehrende Gemüse wie Kohl, Tomaten, Paprika, Sellerie, Porree, Gurken und Kürbisgewächse sollten davon als erste profitieren. Im zweiten Jahr rangieren dann in der Fruchtfolge weniger anspruchsvolle Gemüse wie Möhren, Salate, Erbsen, Bohnen, Spinat, Feldsalat und Kräuter. Damit ein solcher Fruchtwechsel- und Fruchtfolgeplan nicht zur Wissenschaft gerät, kann man auf ein Schema (s. S. 8) zurückgreifen oder die Mischkultur einsetzen, die manchen Nachteil ausgleicht.

Anbauplan

Sehr wichtig ist ein Anbauplan, der jährlich neu erstellt wird und einen Überblick gibt, welche Kulturen gesät oder gepflanzt werden sollen, wie lange die Beete belegt sind und was sich evtl. nach der Ernte noch mit dem freien Platz beginnen läßt. Brachliegende Beete sind für den Boden und seine Lebewesen besonders nachteilig. Unbeschattet und dem Verkrusten ausgesetzt, werden die mühsam erreichte Struktur, der Humusgehalt und damit die Fruchtbarkeit nachhaltig geschädigt. Schnelle Lückenfüller sind Radies, Rettich, Schnitt- und Pflücksalat, Spinat und als Gründüngung Phacelia und Senf.
Ein Anbauplan wie dieser wird sich von Jahr zu Jahr nur wenig ändern. Er dient gleichzeitig als Gedächtnisstütze für den Saatgut- und Pflanzeneinkauf.

Fehler beim Fruchtwechsel führen leicht zu Nematodenschäden

GRUNDLAGEN

Gemüse-Fruchtfolgeplan, nach Hauptkulturen geordnet

mögliche Vorkulturen	Hauptkultur	mögliche Nachkulturen	Beet belegt von–bis	Aussaat	Pflanzenanzucht
Feldsalat, Winterportulak, Kopfsalat, Spinat, Rettich, Radies, Kohlrabi	Blumenkohl/ Brokkoli, früh	Salat, Endivien, Zuckerhut, Winterrettich, Radies, Gründüngung, Spinat	April–Juli	Anfang März	unter Glas
	Blumenkohl/ Brokkoli, spät	–	Juni–November	Ende Mai	Freilandbeet
Winterspinat, Radies, Schnittsalat	Buschbohnen, früh	Winterspinat, Feldsalat, Radies	Mitte Mai–August	Mitte Mai	–
Kopfsalat, Spinat, Kohlrabi Rettich, Radies, Frühmöhren	Buschbohnen, spät	Oktober	Ende Juni–	Ende Juni	
Winterspinat, Radies, Rettich Schnittsalat, Wintersalat	Stangenbohnen	–	Mitte Mai–Oktober	Mitte Mai	–
Erbsen, Frühmöhren, Kohlrabi, Kopfsalat	Chinakohl	–	Mitte Juli–Oktober	Mitte Juli–Anfang August	–
Feldsalat, Winterportulak, Winterporree, Rosenkohl	Erbsen	Salat, Endivien, Zuckerhut, Chinakohl, Rettich, Radies, Spinat	April–Juli	Ende März–April	–
Bohnen, Kohlrabi, Möhren, Kopfsalat	Feldsalat	diverse	August–Februar	August–Sept.	–
Kopfsalat, Spinat, Kohlrabi, Schalerbsen, Radies, Rettich	Grünkohl	–	Ende Juni–Winter	Ende Mai	Freilandbeet
Radies, Schnittsalat, Winterspinat, Wintersalat	Gurken	–	Mitte Mai–Oktober	Mitte Mai	–
Radies, Schnittsalat, Winterspinat, Wintersalat	Kürbis, Zucchini, Squash	–	Mitte Mai–Oktober	Anfang–Mitte Mai	–
Feldsalat, Winterporree, Rosenkohl	Möhren, früh-mittelfrüh	Chinakohl, Herbstrettich, Radies, Herbstsalat, Spinat	März/April–Juli/August	März–April	–
	Möhren, spät	–	April–November	April–Anfang Mai	–
Radies, Schnittsalat, Winterspinat, Winter- und sehr früher Kopfsalat	Paprika	–	Mitte/Ende Mai–Oktober	Ende März	unter Glas
Feldsalat	Porree, Sommer u. Herbst	Gründüngung, Winterspinat	April–Oktober	März/April	Frühbeet/Freilandsaatbeet
Spinat, Radies, Rettich, Salat, Kohlrabi	Porree, Winter	–	Juni–April	Mai	Freilandsaatbeet
diverse s. o.	Radies, ganzj. möglich	diverse s. o.		März–September	–
Feldsalat, Winterporree, Winterportulak	Rettich, früh	Gurken, Tomaten, Zucchini, Zuckermais, Melonen, Bohnen	März–Ende Mai Anfang April	März–	–
Radies, Schnittsalat, Wintersalat, Winterspinat	Rettich, Sommer	Spinat, Kopfsalat, Endivien	Mai–Juli	Mai–Anfang Juni	–
	Rettich, Herbst u. Winter	–	August–Oktober	Ende Juli–August	–
Kopfsalat, Radies, Rettich, Spinat, Frühmöhren	Rosenkohl	–	Ende Juni–März	Mai	Freilandsaatbeet

GRUNDLAGEN

Gemüse-Fruchtfolgeplan, nach Hauptkulturen geordnet

mögliche Vorkulturen	Hauptkultur	mögliche Nachkulturen	Beet belegt von–bis	Aussaat	Pflanzenanzucht
Feldsalat, Winterporree, Radies, Schnittsalat, Spinat	Rotkohl (Weißkohl, Wirsingkohl)	Gründüngung	Mai–September/Oktober	April	Freilandsaatbeet
Feldsalat, Winterporree, Radies, Schnittsalat, Spinat	Rote Rüben	–	Mai–Oktober	Ende April–Mai	–
Feldsalat	Salat (Kopf- u. Schnitt-), früh	Busch- u. Stangenbohnen, Tomaten, Gurken, Melonen, Zuckermais	März–Mai	Februar–März	unter Glas
Winterporree, Radies, Winterspinat	Salat (Kopf- u. Pflück-), Sommer	Spinat, Feldsalat, Rettich, Radies, Endivien, Gründüngung	Ende April–Juli	Ende April–Juni	Freilandsaatbeet
Erbsen, Erdbeeren, Kohlrabi, Radies, Rettich	Salat (Kopf- u. Pflück-), Herbst	–	Juli–Oktober	Mitte–Ende Juli	Freilandsaatbeet
Erbsen, Erdbeeren, Kohlrabi, Radies, Rettich, Frühmöhren	Salat-Endivien	–	Juni/Juli–Oktober	Juni	–
Erbsen, Kopfsalat, Kohlrabi, Blumenkohl, Frühmöhren, Rettich, Radies	Salat-Zuckerhut, Radicchio	–	Juli–Dezember	Anfang–Mitte Juli	–
Kopfsalat, Radies, Winterspinat, Winterporree	Salat-Chicoree	–	Mitte Mai–November	Mitte–Ende Mai	–
Winterporre, Feldsalat	Schwarzwurz.	–	April–Oktober	April	–
Kopfsalat, Radies, Winterspinat, Schnittsalat, Winterporree, Feldsalat	Sellerie	–	Mitte Mai–Oktober	März	unter Glas
Feldsalat, Winterporree	Spinat, Frühjahr	Gurken, Tomaten, Stangenbohnen, Kohlrabi, Salat	März–Mai	März–April	–
Kopfsalat, Kohlrabi, Erbsen, Frühmöhren	Spinat, Herbst	–	Ende Juli–Ende Oktober	Ende Juli–Ende August	–
Gurken, Kopfsalat, Bohnen, Möhren, Blumenkohl	Spinat, Winter	diverse	September–April	Mitte September	–
Kopfsalat, Radies, Kohlrabi, Spinat, Winterporree	Tomaten	–	Ende Mai–Oktober	März	unter Glas
Feldsalat, Winterporree	Zwiebeln	Winterspinat, Feldsalat	März–Anfang September	März–Anfang April	–

Dieses Schema erleichtert Ihnen die Planung Ihres Gemüsegartens. Ermitteln Sie von der Spalte Hauptkultur ausgehend welche Gemüsekulturen vorher (links) oder später noch (rechts) möglich sind.
Die weiteren Spalten geben an, ab wann das Beet frei wird bzw. wann Sie säen müssen.

GRUNDLAGEN

Wie geht man mit dem Gartenboden um?

Daß Gartenböden unterschiedlich sind und dies entsprechende Konsequenzen für die Bearbeitung und Fruchtbarkeit hat, ist nicht immer auf Anhieb klar. Diese in Jahrmillionen durch Verwitterung entstandene Schicht besitzt eine unterschiedliche Struktur und fein verteilte Nährstoffe (Mineralien), die die Pflanzen im Gegensatz zu Tier und Mensch in Wasser gelöst aufnehmen und mit diesen und mit Hilfe von Licht CO_2 in organische Masse verwandeln können. Böden teilt man in folgende Hauptgruppen ein:

Sandige, »leichte« Böden: Sie lassen sich gut bearbeiten, enthalten viele unzersetzte Körnchen, aber wenig Humus und damit wenig Struktur. Die Folge: Wasser und Nährstoffe werden nur unzureichend in der belebten, pflanzenverfügbaren Schicht, den oberen 15–30 cm, gehalten und schnell ausgewaschen. Sie erfordern daher ständige Düngergaben in kleinen Mengen. Vorräte an Wasser und Nährstoffen lassen sich nur anlegen, wenn der Humusgehalt über die Jahre hinweg durch Kompost, Stallmist, Gründüngung, fertigen Humus (Rindenhumus, Torf, Pflanzerde) angereichert wird. Andererseits erwärmt sich der Boden schnell, was Frühjahrskulturen, Bohnen, Gurken und Kürbisgewächsen gut bekommt. Der Säuregehalt (pH-Wert) liegt zwischen 5 und 6 und ist damit noch gut. Bei zu tiefen Werten wird der Boden mit kohlensaurem Kalk (10–15 kg/100 m^2) verbessert. Gartenwert: Mit Kohlgewächsen gibt es Probleme. Tomaten müssen ständig versorgt werden. Mit konsequenter Bodenbedeckung (z.B. durch Mulch) läßt sich das Austrocknen weitgehend verhindern. Hügelbeete bringen hier keine Vorteile.

Lehmböden: Sie enthalten viele feine Partikel (Schluff), ohne deshalb wie z.B. Tonböden zu verkleben. Je nach Zustand enthalten sie mehr oder weniger Sandpartikel, was ihnen sowohl eine gute Durchlüftung als auch Wasser- und Nährstoffhaltevermögen verleiht. Der Säuregehalt (pH-Wert) liegt im optimalen Bereich, nämlich zwischen 6 und 7,5. Von der Bearbeitung her zählen sie zu den »schweren« Böden. Gartenwert: Gut. Auf ausreichend Humus ist jedoch zu achten. Durch langsame Erwärmung für wärmeliebende Kulturen noch geeignet, jedoch setzt die Reife später ein. Biologische Anbaumethoden mit viel Kompostwirtschaft greifen hier gut. Hügelbeet und Hochbeet bringen durch schnellere Erwärmung Vorteile.

Tonböden: Sie enthalten in hohem Maße feine Partikel, stauen daher das Wasser lange. Durch Verdunstungskälte und schlechte Durchlüftung sind diese Böden kalt und schwer, was bei den meisten Gemüsearten zu schwierigen Wachstumsbedingungen führt. Nur Kohl entwickelt sich gut. Der pH-Wert liegt über 7, also hoch. Gartenwert: Mäßig. Erhöhte Beete, Hügelbeet und Hochbeet sowie reichliche Gründüngung und Kompost sowie Zugaben von Sand bringen durch bessere Durchlüftung Vorteile. Unbedingt im Herbst schon graben, um den Frost einwirken zu lassen.

Moorboden: Er besteht bis zu 30% aus Humus (normaler Boden enthält 2–4%), also aus Torf oder zersetztem Holz. Er ist extrem nährstoffarm und sehr niedrig im pH-Wert (3,8–4,5). Sehr hohes Wasserhaltevermögen. Gartenwert: Schlecht. Pflanzen wachsen hier nur nach regelmäßiger Kalkung (15–20 kg/100 m^2 kohlensaurer Kalk erhöht den pH-Wert um einen vollen Punkt) und Nährstoffzufuhr.

Unbedeckter Boden laugt aus. Roggen schützt ihn in kürzester Zeit

GRUNDLAGEN

Verbesserung der Bodenstruktur

Es gilt nun, den eigenen Gartenboden durch die Zufuhr von Sand oder Lehm in der Struktur anzugleichen, durch Kalkung (mit 15–25 kg kohlensaurem Kalk bei Sand- und Moorboden und durch 25–50 kg/100 m^2 Branntkalk oder Löschkalk bei Lehm und Ton um jeweils einen vollen pH-Wert) anzuheben oder durch Zugabe von 2 Ballen Torf/100 m^2 um einen Wert zu senken. Auf jeden Fall müssen wir als ständige und niemals überflüssige Maßnahme den Boden durch eine Anreicherung mit Humus so verbessern und strukturieren, daß er den Pflanzen ständig ein Optimum an Nährstoffen, Sauerstoff und Wasser bietet. Dabei helfen Regenwürmer, Kleinlebewesen und Bakterien, die Pflanzenmasse (z.B. Ernterückstände, Gründüngung, Rindensubstrat, Torf, Stallmist, Stroh) zersetzen und Mineralien freisetzen, die von den Wurzeln im Ionen-Austausch, einem bio-elektrischen Vorgang, aufgenommen werden können. Dabei bilden sich durch Verkleben fester Partikel mit noch nicht ganz zersetzter Masse mit Humus durchsetzte Schichten. Sie belüften und entwässern sich durch vertikale Röhrchen, die sogenannten Kapillaren. Ein gut strukturierter »garer« Boden wirkt dabei wie ein Schwamm.

Die »Wasserleitung« des Bodens führt den Wurzeln aus der Tiefe neue Feuchtigkeit zu und sorgt dafür, daß der Boden nach Regenfällen wieder austrocknet. Durch festes Andrücken beim Säen oder Pflanzen und anschließendes intensives Befeuchten (Einschlämmen) erhalten die Wurzeln den notwendigen Anschluß an dieses System – ein wichtiger Vorgang. Das Kapillarsystem bildet sich nur nach längerer Ablagerung des Bodens aus, weshalb die Bodenbearbeitung im Herbst und nicht erst kurz vor der Aussaat erfolgen sollte. Ein krümeliger Boden, der nach Regenfällen nicht gleich verschlämmt, ist das Ziel. Die Struktur bildet sich auch, beziehungsweise wird kaum gestört, wenn die Bodenbearbeitung ohne Umgraben erfolgt, nämlich durch Ritzen mit einem bogenförmig gekrümmten Gerät, dem Sauzahn.

Durch Bodenbedeckung mit Mulchmaterial und durch intensives Hacken während der Kultur haben wir es in der Hand, das Austrocknen des Bodens zu verhindern. Der Hackvorgang unterbricht nämlich die Kapillaren, die beim Verdunsten entstehende Saugspannung bricht ab, die Feuchtigkeit bleibt im Boden bis sich neue Kapillarröhrchen gebildet haben. Dafür gelangt Sauerstoff in den Boden und nebenbei werden auch die Kulturbegleitenden Wildkräuter (= Unkräuter) an ihrer Ausbreitung gehindert. Regelmäßiges Hacken ist daher bei einem konventionell gepflegten Gemüsegarten wichtig. Die Alternative heißt »Bodenbedeckung durch Mulchen«, also das Aufbringen von allmählich verrottetem pflanzlichen Material wie z.B. Ernterückstände, Küchenabfälle, Rasenschnitt, geschredderte Äste oder Laub.

GRUNDLAGEN

Kompostieren – Humus aus Ernterückständen

Wie kommt man nun zu mehr Humus? Man kann ihn kaufen, die Städte bieten ihn aus Material der »Grünen Tonnen« relativ preisgünstig an. Selbstgemacht hilft er jedoch gleich, die eigenen Abfälle zu entsorgen und außerdem den Kreislauf der Natur zu schließen.

Hierzu wird zunächst ein schattiger, aber den Regenfällen ausgesetzter Platz benötigt, denn zum Umsetzen der Pflanzenabfälle (Ernterückstände, Zweige, Rasenschnitt, Küchenabfälle einschließlich Tee und Kaffee, anderes organisches Material, aber keine kranken Pflanzen oder samentragende »Unkräuter«) braucht es neben viel Sauerstoff auch Wasser. Ein oder mehrere Kompostsilos oder Tonnen aus Holz, Draht oder Kunststoff (die Industrie bietet eine breite Palette an) sehen ordentlich aus und ermöglichen durch ihren kompakten Aufbau auch die notwendige Erhitzung der organischen Substanz, die die Rotte einleitet und dabei weitgehend Krankheitskeime und Unkrautsamen abtötet. Auf dem guten alten Komposthaufen ist die Pflanzenmasse oft zu gering, es erhitzt sich also auch zu wenig. Die Kompostmiete darf beliebig lang sein, soll jedoch nicht viel höher und breiter als 1 Meter sein, damit von allen Seiten genügend Luft herein kann. Auf die Abfallschichten wird alle 20 cm Höhe

Die Kompostmiete sollte im Schatten liegen. Mit Blumen bietet sie einen erfreulichen Anblick

GRUNDLAGEN

Nur aus gesunden Ernterückständen entsteht ein guter Kompost

eine Schicht kohlensaurer Kalk verteilt oder Kalkstickstoff (150 g/m² und Schicht), um den pH-Wert zu erhöhen und Krankheitskeime und Samen abzutöten. Wichtig ist, daß der Kompost nicht zu stickstoffarm ausfällt. Die normalen Ernterückstände, Laub und Stroh enthalten oft wenig von diesem für die Pflanzen sehr wichtigen Nährstoff, weshalb eine Aufbesserung mit dem mineralischen Kalkstickstoff oder organischen Stoffen wie Hornspänen,

Mist, Blutmehl angebracht ist. Ein guter Kompost ist nach der Umsetzung reich an Stickstoff (die Zufuhr beträgt 15–17 g N/m² bei einmaliger Düngung mit 5 Liter Kompost/m²) an Phosphor, Kali und je nach Boden mehr oder weniger auch an Kalk.
Allerdings werden die Nährstoffe erst nach und nach frei und pflanzenverfügbar, so daß für stark zehrende Gemüse (Kohl, Tomaten) eine zusätzliche Düngung erforderlich wird.
Die Umsetzung wird durch ein paar dazwischen geworfene Schaufeln von bereits fertigem Kompost beschleunigt. Die darin

Zur Umsetzung braucht der Komposthaufen reichlich Feuchtigkeit

enthaltenen Bakterien können sich nun kräftig vermehren. Kompoststarter sind in der Regel überflüssig. Nach 3–5 Monaten wird zum ersten Mal der Haufen umgesetzt. Dabei gelangt reichlich Sauerstoff hinein, das Material durchmischt sich und die Rotte wird beschleunigt, so daß nach einem weiteren Jahr der fertige »Reifekompost« zur Verfügung steht. Er kann gesiebt zur Flächendüngung und zum Pflanzen verwendet werden.

GRUNDLAGEN

Gründüngung

Gesunde Ernterückstände von Gemüse und Blumen kann man auch ohne Umweg über den Kompost in den Boden einarbeiten. Sie wirken dann wie eine Gründüngung. Darunter versteht man besonders wüchsige Pflanzen, die in kurzer Zeit viel Pflanzenmasse entwickeln. Diese werden in den Boden flach eingearbeitet. Regenwürmer und Bodenlebewesen zersetzen die Pflanzenrückstände, die nach einem Übergangsstadium als Nährhumus mineralisiert werden. Besonders die Familie der Leguminosen (Schmetterlingsblütler), zu der Lupinen, Luzerne, Serradella, Inkarnat- und Perserklee gehören, ist für diesen Zweck besonders gut geeignet. Diese Pflanzen vermögen den reichlich vorhandenen Stickstoff aus der Luft aufzunehmen und durch eine Symbiose mit Knöllchenbakterien in Verdickungen der Wurzeln zu speichern. Nach dem Verrotten der Pflanzen wird dieser Natur-Stickstoff mineralisiert und steht den nachfolgenden Aussaaten und Jungpflanzen zur Verfügung. Die Wirkung entspricht der einer Stallmistdüngung und reicht für schwach- bis mittelstark zehrende Gemüse aus. Zusätzlich werden Nährstoffe, die noch im Boden vorhanden sind, durch die Gründüngung vor dem Auswaschen in den Untergrund bewahrt und den Pflanzen erhalten – sogar über den Winter hinweg.

Obwohl man Gründüngung den ganzen Frühling und Sommer über ausbringen kann, wendet man sie meist im Herbst an, wenn die Beete bereits Frucht getragen haben und vor der heißen Sonne geschützt werden müssen. Im Monat August wird der Same breitwürfig gesät und eingeharkt. Bis zum Frost hat sich dann eine dichte Pflanzendecke entwickelt, die erst nach dem Abfrieren oder kurz davor eingearbeitet wird. Die meisten Pflanzenarten müssen bis Anfang September in den Boden. Allerdings kann man bis kurz vor Winterbeginn noch Winterroggen und Winterweizen säen und damit auch bis zum Frühjahr den Boden bedeckt halten.

Im Handel gibt es auch fertige Gründüngungsmischungen

In den Wurzelknöllchen ist Stickstoff gesammelt

Gründüngung

Art	Anwendung	Aussaatzeit	Winterhärte	Saatbedarf/-tiefe	geeignete Böden	Bemerkungen
Ackerbohne	Sommer und Herbst	II–VII	ja	20 g/m² 6–12 cm	alle	Stickstoffsammler, Tiefwurzler
Lupine (Gelb-, Weiß-, Blau-)	vorwiegend im Herbst	IV–VIII	nein	20 g 3–4 cm	leichte Böden etwas sauer	Stickstoffsammler, Tiefwurzler
Buchweizen	Frühjahr und Sommer	V–VIII	nein	10 g/m² 2–4 cm	sandige, saure, kalkarm	Quecken vertreibend, wichtig für Fruchtwechsel, Bienenfutter
Erdklee	Untersaat für Beerenkulturen	V–IX	nein	3 g/m² 2–3 cm	alle	gute Durchwurzelung, Hummelfutter
Esparsette	Vorfrucht	III–VIII	nein	4–5 g/m²	kalkhaltige Lehmböden	Stickstoffsammler, verbessert Sandböden
Weidelgras, Deutsches	Mulch und Nachfrucht	III–VIII	ja	8–10 g/m² 1–2 cm	alle	viel Wurzelmasse, kann gemäht werden
Gartendoktormischung	den Sommer über	V–VII	nein	3–5 g/m² 2–3 cm	alle	Nematoden fangend, hübsche Sommerblumen
Gelbsenf	vorwiegend im Herbst	III–IX	bis 7 °C	10 g/m² 2–3 cm	mittelschwer, nicht auf sandige Böden	schnellwüchsig, Kreuzblütler, nicht auf sandige Böden (Kohlherniegefahr), Nematoden fangende Sorten verwenden
Perserklee	ganzjährig	III–VIII	ja	3–4 g/m² 1–2 cm	alle	stark stickstoffsammelnd
Inkarnatklee	ganzjährig	V/VI	ja, bei Aussaat IX	3–4 g/m² 1–2 cm	leichte und mittlere	Stickstoffsammler, Schmetterlingsfutter, karminrote Blüte
Luzerne	für verdichtete Böden	III–VIII	ja, mehrjährig	2 g/m² 2–3 cm	mittelschwer	Tiefwurzler, Stickstoffsammler
Ölrettich	im Herbst	Anf. VIII, Ende IX	friert ab	4 g/m² 2–3 cm	alle, auch schwere, verdichtete	Pfahlwurzel, viel Grünmasse, Nematoden fangende Sorten verwenden, z.B. 'Nemex x'
Phacelia	den Sommer über	Anf. III, Ende VIII	bis 8 °C	1,5 g/m² 1–2 cm	alle	bodengesundend, viel Wurzelmasse, Alternative zu Senf
Platterbsen	im Herbst	bis IX	friert ab	25 g/m² 3–4 cm	alle	Stickstoffsammler
Rotenburger Gemenge	im Herbst	Anf. VIII Ende X	ja	15 g/m² 2–3 cm	alle	viel Grünmasse, Stickstoffsammler, Tiefwurzler
Roggen	ganzjährig	bis XII	ja	16 g/m² 4 cm		kann bis zum Frost gesät werden
Seradella	den Sommer über	V–VIII	nein	20–25 g/m² 2 cm	alle	Stickstoffsammler
Winterraps	im Herbst	VIII–IX	ja	2 g/m² 2–3 cm	alle	große Blatt- und Wurzelmasse
Sommerwicke	Sommer und Herbst	VI–VII	nein	18 g/m² 6–12 cm	alle	Stickstoffsammler
Winterwicke	zur Überwinterung	IX–X	ja	15 g/m² 2–3 cm	alle	Bodendecker
Spinat	ganzjährig	III–IX	ja	10 g/m² 3 cm	alle	in Sätzen säen, Methode G. Franck
Tagetes	den Sommer über	V– Anf. VIII	nein	1 g/m² 2–3 cm	alle	Nematoden bekämpfend

Zeichenerklärung: A 5 = Anfang Mai; A = Anfang; Mi = Mitte; E = Ende; Zahlen = Monate; Tr = Treiberei

GRUNDLAGEN

Pflanzenernährung und Bodenverbesserung

Pflanzen ernähren sich von Mineralien, die sie in Wasser gelöst über die Wurzeln, aber auch über die Blätter durch einen biochemischen Vorgang, den Ionenaustausch, aufnehmen. In diesem Stadium ist es den Pflanze gleichgültig, ob die Nährstoffe aus organischen Stoffen zerlegt (mineralisiert) oder in reiner Form durch gekörnten oder flüssigen Dünger zugeführt wurden.
Die Pflanze benötigt sie in ausreichender Form – nicht zu viel auf einmal und nicht zu wenig. Eine richtig ernährte und gewässerte Pflanze schützt sich, wie neuere Untersuchungen zeigen, durch die Ausbildung eigener Abwehrstoffe gegen Schädlinge und Pilze selbst. Erst wenn eine Pflanze schwach wird, machen sich die Schädlinge über sie her – eine Tatsache, die man vor allem bei Topfpflanzen gut beobachten kann.
Der Vorteil der Mineraldüngung besteht darin, daß die Nährstoffe in gezielter Dosis und schnell wirkend gegeben werden können.
Bei organischer Düngung werden die Nährstoffe langsam frei, wirken undifferenziert (also auch schon mal zur Unzeit), aber sie fördern gleichzeitig das natürliche Bodenleben und sind damit in mehrfacher Hinsicht und auf Dauer nützlich.

Stickstoff (N) wird benötigt für das Wachstum in allen Stadien. Er kann nur bedingt als Vorrat gegeben werden, muß also laufend in nicht zu großen Mengen nachgeliefert werden. Mangel äußert sich in mattgrünen, auch verhärteten Blättern, zu geringem Wachstum, Notblüten und fehlendem Fruchtansatz. Zu viel Stickstoff führt zu mastigen, verweichlichten Pflanzen mit sehr viel Blattwuchs, Anfälligkeit gegenüber Krankheiten, zu hohen Nitratwerten und verspäteter Ernte.

Phosphor (P) wird bei der Blüten-, Frucht- und Samenentwicklung gebraucht, aber auch bei der Wurzelbildung. Ein Mangel tritt selten auf, egal ob mit Kompost oder Mineraldünger gearbeitet wird. Dieser Nährstoff kann vorbeugend gegeben werden. Er bleibt im Boden lange pflanzenverfügbar.

Kali (K) ist wichtig für die Wurzel- und Fruchtbildung, fördert die Fähigkeit zur Aufnahme von Wasser, die Lagerfähigkeit von Gemüse und die Widerstandsfähigkeit gegen Krankheiten. Mangel äußert sich in Kümmerwuchs und eingetrockneten Blättern. Kali kann in Form von chloridfreiem Patentkali (Kalimagnesia) als Grunddüngung auf Vorrat gegeben werden.

Kalk neutralisiert im Boden Übersäuerung, verbessert die Aktivität der Bodenlebewesen, reduziert indirekt Nematoden und

Ausreichende Ernährung ist die Voraussetzung für guten Ertrag

Gewächskulturen benötigen ständig genügend Nährstoffe

die Erreger der Kohlhernie. Ein Mangel führt zum Wachstumsstillstand, vor allem bei Jungpflanzen. Ein Zuviel bindet wichtige Spurenelemente wie Bor, Eisen, Kupfer, Mangan und Zink. Alle 2–3 Jahre wird im Herbst oder Winter zum Ausgleich der Auswaschung und des Entzugs auf schweren Böden mit Branntkalk (8–12 kg/100 m^2) und auf sandigen Böden mit Düngekalk (Kohlensaurem Kalk, 15–20 kg/1000 m^2) gedüngt. Auch der Kompost sollte Kalk erhalten, damit der pH-Wert nicht zu niedrig ausfällt.

Magnesium (Mg) ermöglicht die Bildung von Blattgrün und damit den Aufbau organischer Substanz mit Hilfe des Lichts als Energielieferanten (Assimilation). Mangel äußert sich als Chlorose, d.h. an hellgrünen Blattspreiten – die Nerven bleiben grün – und an unbefriedigendem Wuchs. Bei sichtbaren Schäden kann eine Blattspritzung oder Düngung in fester Form mit Bittersalz (Magnesiumsulfat) schnell Erholung bringen.

Spurenelemente sind, obwohl nur in kleinsten Dosen vorhanden, sehr wichtig für den Gesamthaushalt der Pflanze. Ein Mangel tritt meistens nur bei grober Vernachlässigung der Fruchtfolgeregeln, also bei zu starkem Entzug auf. Kompostgaben beugen dem vor. Ein wichtiger Lieferant von Spurenelementen ist Steinmehl, ein im Bio-Gartenbau besonders beliebtes Mittel zur Bodenverbesserung, je nach Herkunft aus Granit oder Basalt hergestellt oder aus Tonmehl (Bentonit) mit Quelleigenschaften zur Verbesserung der Wasserhaltekraft von sandigen Böden.

Von der früher üblichen Vorratsdüngung ist man heute abgekommen. Zuviele Nährstoffe werden nutzlos in den Boden ausgewaschen. Ergänzt wird nur, was wirklich entzogen wird. Eine Empfehlung erhält man am besten bei einer Bodenuntersuchung, die gegen eine geringe Gebühr von privaten Untersuchungsanstalten durchgeführt wird. Wer die bequeme Art der Ausbringung von gekörntem Mineraldünger bevorzugt, sollte sich anstelle des üblichen Blauvolldüngers der neueren Langzeitdünger bedienen, die die Nährstoffe nur nach Bedarf der Pflanze über mehrere Monate hinweg abgeben (zum Beispiel Nitrophoska permanent für alle Nährstoffe, Osmocote, Floranid als Stickstoffdünger).

Organische Dünger bedürfen zunächst der Umsetzung. Sie wirken also langsam. Reine Stickstoffdünger, mit denen man wenig falsch machen kann, sind Blutmehl, Hornspäne und Hornmehl. Knochenmehl liefert in erster Linie Phosphor. Daneben werden eine Reihe von organischen Markendüngern angeboten, die auch Kali und Magnesium in mineralischer Form enthalten können. Verbrennungen sind also dabei nicht ausgeschlossen. Dafür versorgen sie die Pflanze rundum mit allem Nötigen.

MISCHKULTUR

Mischkulturen lösen manches Problem

In der Natur bilden sich an jedem Standort passende Pflanzengemeinschaften: Pflanzen, die sich ergänzen, gegenseitig fördern und schützen. Das Zusammenleben der Pflanzen ist noch wenig erforscht, doch einige Wechselwirkungen sind hinreichend geprüft. So wehren insbesondere Duftstoffe von Kräutern wie Thymian, Salbei und Pfefferminze heranfliegende Insekten wie zum Beispiel den Kohlweißlingsfalter von Kohlkulturen ab. Dill und Zwiebeln schützen Möhren, Tagetes (Studentenblumen) fangen mit Lockstoffen in den Wurzeln Nematoden (Fadenwürmer) ein und schützen damit benachbarte Tomaten, Möhren und Rosen. Lavendel, Sellerie, Schnittlauch, Winterbohnenkraut und Tomaten vertreiben bei anderen Kulturen die Läuse. Sommerblumen wie die Kapuzinerkresse schützen Obstbäume und Tomaten gegen Blatt- und Blutläuse. Bohnenkraut hält die Läuse von den Buschbohnen fern und Gartenmelde (es gibt auch schöne rote Zierformen) dient als Fangpflanze und lenkt die Blattläuse von Busch- und Stangenbohnen ab. Knoblauch wehrt bei vielen Pflanzen Mehltau- und Rostpilze ab. Wermut schützt Johannisbeeren vor Säulenrost. Es gibt sicherlich noch mehr dieser Beispiele – wir zählen hier nur die bislang als sicher erkannten auf. Eigene Beobachtungen reizen zum Ausprobieren – experimentieren Sie ruhig!
Wichtiger als all die vielen positiven Beispiele scheint mir die War-

Mischkulturen auf einem Hügelbeet: Spinat, Zwiebeln, Salat, Radieschen

MISCHKULTUR

	Bohnen	Dill	Endivien	Erbsen	Erdbeeren	Fenchel	Gurken	Kapuzinerkresse	Kartoffeln	Knoblauch	Kohlarten	Kohlrabi	Kopfsalat	Lauch	Möhren	Petersilie	Pfefferminze	Pflücksalat	Radies/Rettich	Rote Rüben	Salbei	Sellerie	Spinat	Tomaten	Zucchini	Zwiebeln
Bohnen	■	+		−	+	−	+		+	−	+	+	+	−				+	+	+		+		+		−
Dill	+	■		+			+				+		+		+			+		+						+
Endivien			■		+						+		+													
Erbsen	−	+		■		+	+		−	−	+	+	+	−	+				+					−	+	−
Erdbeeren	+				■					+			+	+				+					+			+
Fenchel	−		+	+		■	+						+					+			+			−		
Gurken	+	+		+		+	■		−	+	+		+	+					−	+		+		−		+
Kapuzinerkresse								■	+										+					+	+	
Kartoffeln	+			−	+				■	+		+						+		−		−	+	−		
Knoblauch	−			−	+				+	■	−		+				+		+			+				
Kohlarten	+	+	+	+	−		+			−	■		+	+		+	+	+	+	+		+	+	+		−
Kohlrabi	+			+			+					■	+	+				+	+	+	+					
Kopfsalat	+	+		+	+	+	+				+	+	■	+	+	−		+	+			−		+		+
Lauch	−		+	−	+								+	■	+	+			−			+		+		+
Möhren		+		+					+				+	+	■			+	+	+		+		+		+
Petersilie									−							■		+				+				
Pfefferminze					+		+			+	+		+				■							+		
Pflücksalat	+	+			+								+					■	+	+			+			
Radies/Rettich	+		+	+		−	+				+	+	+	+	+			+	■			+	+	+		
Rote Rüben	+	+			+		−		+	+	+	+	−					+		■				+		+
Salbei				+																	■			+		
Sellerie	+			+		−			+	+	−	+										■	+			
Spinat			+				+	+	+									+				+	■	+		
Tomaten	+		−	−	−	+		+	+	+	+	+	+	+	+	+	+	+	+		+	+	■	−	
Zucchini		+			+																				■	+
Zwiebeln	−	+		−	+		+						−			+		+	+					−		■

nung vor solchen Gemüsenachbarn, die sich wegen unterschiedlichen Wuchses bedrängen, sich die Nährstoffe streitig machen oder aus unerfindlichen Gründen gegenseitig schaden. Es sind zum Glück nur wenige – die Tabelle gibt darüber Auskunft.

Wer mit wenig Platz auskommen muß, schätzt die Mischkultur aus anderen Gründen. Sie spart nämlich Platz und Zeit. Während auf einem Beet gepflanzter Kohlrabi zur Reife kommt, werden die Beetkanten für Radieschen oder Pflücksalat genutzt, der nach dem Abernten der Hauptkultur ausreichend Platz zur Entwicklung hat. Dazwischen können bereits Eissalat-Jungpflanzen heranwachsen und Tomatensetzlinge Fuß fassen. Allerdings sind dem Gemüsepuzzle Grenzen gesetzt. Alles muß noch machbar sein, ohne daß sich die einzelnen Kulturen gegenseitig überlagern oder behindern. Mehr als 3 bis 4 sollten aber nicht gleichzeitig neben-, unter- oder übereinander wachsen.

MISCHKULTUR

Hügelbeete und Hochbeete

Sie sind wahrhaftig nichts Neues, diese erhöhten Beete, auf denen auf schweren und mittelschweren Böden das Gemüse schneller und besser wächst. Auf Abbildungen aus dem Mittelalter kann man erkennen, daß die Beete mit Brettern eingefaßt und kunstvoll aufgebaut wurden. Auch den Holländern auf ihren schweren Marschböden, den Engländern und den Chinesen war diese Methode vertraut. Auch im normalen Gemüsebau haben die Gärtner schon lange mit erhöhten Beeten und Dämmen bessere Ernten von Gurken, Mais und Kartoffeln erzielt. Auf sandigen Böden erreicht man allerdings durch Entwässern des Bodens damit oft genug das Gegenteil. Ein weiterer Nachteil der Hügel-

Ein Hochbeet entsteht: unten Reisig, oben Kompost

Schnittlauch, Bohnen und Salat in bequemer Höhe

beete soll nicht verschwiegen werden: Leicht sammeln sich hier Wühlmäuse und Ratten an. Für ein Hügelbeet wird ein Beet ca. 180 cm breit und beliebig lang spatentief ausgeschachtet, jeweils in Nord-Süd-Richtung wegen der gleichmäßigeren Besonnung. Die gewonnene Erde wird später zum Abdecken gebraucht. Den Kern bilden zerkleinerte Äste und geschreddertes Material, das für eine gute Durchlüftung sorgt. Grassoden, so vorhanden, Laub und Abfall vom

MISCHKULTUR

Aufräumen im Herbst bilden die nächste hügelartig aufgetürmte Schicht. Auch Grasschnitt, und Stroh sind willkommen. Eine ca. 25 cm dicke Lage aus feuchtem Herbstlaub folgt nun. Grober Kompost bildet die nächste 15–20 cm dicke Schicht und eine Umhüllung aus 15 cm Gartenerde und reifem Kompost bildet abschließend die Decke, in die nach dem Vorbild der Mischkultur in ringförmig angeordneten Reihen gesät oder gepflanzt werden kann. Auf die Spitze des Hügels werden Tomaten und Paprika gepflanzt. Kohl, Kohlrabi, Porree oder Sellerie stehen an den Seiten, und Radieschen, Rettiche oder Salat finden dazwischen oder am Rand einen Platz.
Bald setzt eine milde Verrottung und Erwärmung ein, die den Pflanzen über lange Zeit zugute kommt. Die verrotteten Pflanzenrückstände setzen Nährstoffe frei, die das Wachstum der Gemüse positiv beeinflussen. Diese Wirkung hält 4–6 Jahre an und wird langsam schwächer, wobei der Hügel allmählich zusammensinkt. Im ersten Jahr werden daher vornehmlich Starkzehrer wie Tomaten, Kohl oder Porree gepflanzt. In den nächsten Jahren folgen dann weniger hungrige Kulturen wie Zwiebeln, Möhren, Bohnen, Erbsen und Spinat.
Aus beiden, den Nährstoffen und der milden Wärme erklären sich die Erfolge mit dem Hügelbeet und entsprechend auch mit dem ähnlich aufgebauten Hochbeet. Das Hochbeet erspart beim Säen, Pflanzen und Ernten das Bücken. Es ist daher vor allem für Ältere und auch für Behinderte ideal. Allerdings erfordert die Konstruktion, der Aufbau eines kastenförmigen Gebildes aus Bohlen oder Brettern oder aus Mauerwerk mit 70–80 cm Höhe, zunächst allerhand Aufwand. Anschließend wird dann alles einfacher. Das »Innenleben« entspricht dem eines Hügelbeetes. Beide sind vor allem für kleinere Gärten von Interesse, weil sie wenig Platz benötigen und die Pflegearbeiten erleichtern.

> Ein Hochbeet eignet sich besonders für Kulturen, bei denen man sich sonst bücken muß, also für Gurken, Buschbohnen, Radieschen, Rettich, Pflück- und Schnittsalat, Kopfsalat, Erdbeeren, Monatserdbeeren, Kresse, Kräuter, Lauchzwiebeln, Zwiebeln, Fenchel, Mangold und Möhren.

Ein Hochbeet bewährt sich vor allem bei schwerem Boden

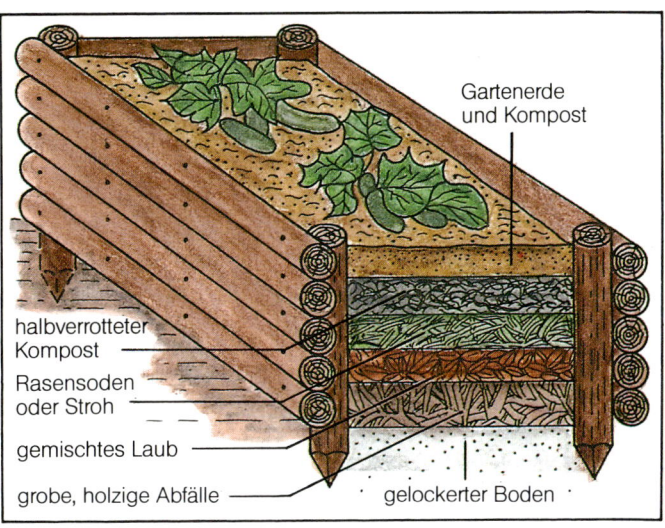

FRÜHKULTUR

Verfrühung durch Folie und Vlies

Eine erhöhte Bodentemperatur läßt Samen schneller keimen und fördert Wurzelentwicklung der Jungpflanzen. Kommt noch durch eine schützende Haube ein verbessertes Kleinklima mit höherer Luftfeuchte und Schutz vor Wind hinzu, dann ist im Frühjahr ein Wachstumsvorsprung bis zur Erntezeit von 4–5 Wochen durchaus normal. Selbst wenn man kein Gewächshaus und kein Frühbeet hat, bieten geschlitzte oder gelochte Folien und Vliese aus locker versponnenen Fasern derartige Möglichkeiten für wenig Geld. Verschiedene Längen werden passend zur Beetbreite angeboten. Man breitet sie nach der Aussaat über den Boden, befestigt sie mit Steinen, Brettern oder speziellen Klammern, so daß sie nicht wegfliegen können und gießt durch die zahlreichen Öffnungen hindurch. Das Verfahren ist also einfach. Nicht geeignet sind alle undurchlässigen Folien, weil sich darunter Wärme staut. Insektenschutznetze bieten einen weiteren Vorteil. Wie Tunnels werden sie über die Beete gespannt und insektendicht verankert: die Kulturen darunter bleiben vor heranfliegenden Gemüsefliegen und anderen Insekten geschützt. Ein Spritzen gegen die Schädlinge wird damit überflüssig. Solche engmaschigen Netze können das ganze Jahr über genutzt werden und bleiben bis zur Ernte auf der jeweiligen Kultur.

Diese Abdeckungen lassen die Kulturen von allen Regenfällen profitieren, im Gegensatz zu Frühbeeten und Tunnels, die immer extra Pflege erfordern. Je nach Fabrikat bleiben sie 1–5 Jahre lang intakt.

Frühbeete und Gewächshäuser

Feste und dauerhafte Möglichkeiten für die Aussaat und Anzucht von Blumen- und Gemüsejungpflanzen, für die Kultur wärmebedürftiger Südländer wie Paprika, Gurken und Melonen, für die Ernte im Winter und für die Stecklingsvermehrung bieten Frühbeete und Gewächshäuser.

FRÜHKULTUR

Neben den Eigenkonstruktionen aus Bohlen, Kunststoff, Betonfertigteilen, Eternit oder durchsichtigen Stegdoppelplatten bietet der einschlägige Handel viele gut durchdachte Frühbeete mit

Geschlitzte Folie schützt Tomaten gegen Regen und Braunfäule (rechts).
Folien und Vlies haben sich für Aussaaten und Jungpflanzen sehr bewährt (unten)

Abdeckungen aus Folie, Kunststoff oder Glas an. Dazu gibt es preiswertes Zubehör wie automatische Fensterheber, die mit Öldruck und daher unabhängig von Strom arbeiten. Gängige Maße sind den Beetbreiten angepaßt. Im Gartenbau bewährt hat sich das Maß 150 × 80 cm für das sogenannte »Holländer Fenster«. Mit breiteren Abdeckungen arbeitet es sich schlecht.

3–4 Fenster reichen für den Bedarf einer mittleren Familie aus. Daraus ergibt sich ein Maß von 600 × 80 cm × 40 cm Höhe auf der sonnenabgewandten Seite und 20 cm Höhe auf der niedrigeren Seite (jeweils über die Erde gemessen). Das Beet wird möglichst mit Gefälle von Norden nach Süden eingerichtet, um das einfallende Licht optimal auszunutzen.

FRÜHKULTUR

Frühbeete aus Hartholz und Leichtmetall im Kleingarten

Wo noch Pferde- oder Kuhmist zu erhalten ist, kann man im Spätwinter damit eine ca. 40 cm dicke Schicht Mist packen. Diese erwärmt sich, und nach dem Abklingen der größten Wärme kann man auf einer ca. 15 cm dicken Kompostschicht früher als sonst Frühgemüse anziehen. Ersatzweise gibt es auch elektrische Maschendrahtheizungen. Aber auch ohne solche Extras lohnt es sich, im Schutz des Frühbeetes zeitiger und intensiver als sonst zu kultivieren.

Im Gewächshaus lassen sich natürlich alle Gärtnerträume verwirklichen. Da wird nicht diskutiert, ob es die Tomaten im Supermarkt billiger gibt, sondern ein Hobby wird gepflegt und nach Lust und Laune alles ausprobiert, was das Interesse erregt. Damit sich auch der gewünschte Erfolg einstellt, einige Grundregeln:

- Das Haus muß frei stehen und möglichst viel Sonne einfangen können. Optimal ist die Ost-West-Ausrichtung bei Anlehngewächshäusern, die Nord-Süd-Richtung bei den anderen Gewächshausformen. Plätze unter Bäumen oder im Schatten sind ungeeignet.
- Auch unter den Foliengewächshäusern gibt es voll funktionsfähige Systeme, die Glashäusern nur optisch unterlegen sind. Wird das Haus geheizt, ist eine Lösung aus Glas oder noch besser aus Doppelstegplatten vorzuziehen.
- Beim Kauf sollte man darauf achten, daß die Scheiben möglichst durchgehend sind und gut abdichten. Glasschindeln deuten auf eine Billigversion, die immer Temperaturverluste und Verschmutzungen an den überlappenden Glasflächen zur Folge hat.
- Die Türen sollten wenigstens 80 cm breit und ausreichend hoch sein, um mit einer

FRÜHKULTUR

Schiebkarre hineinfahren zu können.
- Für die meisten Kulturen im Gemüsebau ist keine oder nur eine Übergangsheizung erforderlich. Falls geheizt wird, sollte man die Anbindung an das Wohnhaus suchen. Noppen-Isolierfolie hilft im Winter viel Energie sparen. Ein Gewächshaus steht länger. Selbst für die Anzucht von Gemüse sollte es optisch ansprechend sein.
- Das einfallende Sonnenlicht bringt einen starken Temperaturanstieg mit sich. Unbedingt wichtig sind daher ausreichend große Lüftungsklappen, am besten automatische Regler.

Stegdoppelplatten aus Acryl lassen UV-Strahlen gut verteilt durch. Die Verbrennungsgefahr ist geringer als bei Blank- und Klarglas, die im Bedarfsfall schattiert werden müssen.
- Nützliches Zubehör sind Hängesysteme, ein Arbeitstisch, Kulturtische, Tröpfchenbewässerung und Gießgeräte mit Brause, bei ungeheizten Gewächshäusern auch Übergangsheizungen mit Frostwarner (elektrisch oder mit Propangas betrieben).
- Größere Gewächshäuser und solche, die ans Haus angebunden sind, müssen in der Regel genehmigt werden. Empfeh-

lenswert ist eine Rücksprache bei der Baubehörde.
- Bei geheizten Kulturen im Winter möglichst nicht über 12 °C Tagestemperatur gehen. Bei geringem Licht neigen die Pflanzen zum Vergeilen. Schosser und zu lockere Köpfe sind die Folge.

Ohne Heizung kann im Winter z.B. geerntet werden: Feldsalat, Spinat, Mangold und frühe Rettiche.

Frühe Gemüse und Aussaaten finden hier gute Bedingungen (links)

Im Gewächshaus hört das Ernten nie auf

PFLANZENSCHUTZ

Pflanzenschutz

Pflanzen können von vielen Schadenorganismen angegriffen werden, seien es Pilze, Bakterien, Viren, Insekten, Schnecken oder andere Tiere. Fressen und Gefressenwerden ist das Gesetz der Natur. Im eigenen Interesse gilt es, der Pflanze zu helfen, damit sie sich soweit möglich selbst verteidigen kann und sie zu schützen. Die letzte Notbremse bleibt der gezielte Einsatz von Schädlingsbekämpfungsmitteln, wo immer möglich mit biologisch unbedenklichen Mitteln. Der »integrierte Anbau«, der in diesem Buch vermittelt werden soll, bezieht dabei alle Möglichkeiten in Betracht, von der Auswahl widerstandsfähiger Sorten (Zeichen R = weitgehend unempfindlich/resistent) bis zum Einsatz von natürlichen Feinden, den Nützlingen. Aber auch vorbeugende Hygienemaßnahmen, immer ausreichende Wasserversorgung, genügend Nährstoffe, Licht und richtige Temperatur lassen die meisten Gefahren von vornherein nicht aufkommen. Es ist auch zu überlegen, ob sich nicht ein kleiner Schaden tolerieren oder mit der Hand (z.B. durch Absammeln von Raupen) beseitigen läßt, bevor weitere Maßnahmen in Gang gesetzt werden.

Nützlinge

Für Tiere, die sich von Pflanzenschädlingen ernähren, hat sich allgemein der Begriff »Nützlinge« eingebürgert. Die meisten von ihnen kann man heute im Versand beziehen. Seit den ersten Anfängen um 1965 bis zum weithin anerkannten und praktizierten Erfolg im Erwerbs- und Hobbygemüsebau war es ein langer Weg, der noch nicht zu Ende ist. Neue Forschungen lassen weitere Bekämpfungsmöglichkeiten mit natürlichen, für Menschen und andere Tiere unschädlichen Methoden erwarten.

Aber auch Pflanzen können wirksam werden: durch intensive Düfte wie zum Beispiel Thymian oder Salbei gegen Gemüsefliegen (s. S. 20). Bei Möhren, Erdbeeren, Dill, Petersilie, Sellerie, Bohnen, Erbsen, Porree, Zwiebeln und Tabak wirken durch Wurzelausscheidungen die Sommerblumen *Tagetes, Coreopsis, Rudbeckia, Gaillardia* und *Calendula* gegen Nematoden (Fadenwürmer), außerdem bestimmte Sorten von Gründüngepflanzen wie etwa der Ölrettich 'Pegletta' und 'Nemex' und der Gelbsenf 'Maxi' gegen Rübennematoden.

Gesunde Möhre und Befall durch Möhrenfliege. In die Fraßgänge dringen später Fäulnispilze ein

PFLANZENSCHUTZ

Wühlmäuse werden vom Geruch der Wolfsmilch *(Euphorbia lathyris)* und Zwiebeln der Kaiserkrone *(Fritillaria imperialis)* vertrieben. Abtötend durch Giftstoffe wirken die Zwiebeln der Herbstzeitlose *(Colchicum autumnale)* und der Narzissen *Narcissus poeticus* 'Actaea Alba' (weiß, spät) und 'La Riante' (einfach, kleinkronig). *Bacillus thuringiensis*, ein Bakterium, gibt es als zugelassenes Spritzmittel gegen die Raupen der auf Kohl fressenden Kohlweißlinge und gegen andere freifressende Raupen (Präparatname: Dipel).

Insektenschutznetze machen viele Spritzungen überflüssig. Die Kulturen bleiben bis zur Ernte geschützt

Die Schar der Nützlinge ist größer als bisher angenommen. Als erwachsene Tiere oder Larven im Jugendstadium gehen sie vor allem auf die Jagd nach Blattläusen. Aber auch Schildläuse, Weiße Fliege, Milben und Schneckeneier werden nicht verschmäht. Richten Sie ihnen eine Ecke mit Brut- und Rückzugsmöglichkeiten ein, die den teilweisen von Pollen lebenden erwachsenen Stadien ebenfalls vom Frühjahr bis zum Spätherbst Nahrung und Unterschlupf bietet. Entsprechende Saatgutmischungen (z.B. »Blüten für Nützlinge« von Sperli) gibt es in Samenhandlungen.

PFLANZENSCHUTZ

Die wichtigsten Nützlinge

Im Garten fallen zunächst die **Schwebfliegen** auf *(Episyrphus)*, die zwar wie kleine Wespen aussehen und sich mit ruckartigem Flug weiterbewegen, aber für den Menschen völlig harmlos sind. Die erwachsenen Tiere ernähren sich von Pollen jeder Art und sind daher auf zahlreichen Blumen zu finden, besonders aber auf Dill, Koriander, Fenchel und anderen Doldenblüten. Die Larven sind starke Blattlausjäger. 400–700 Läuse vertilgt ein einziges Tier. Daneben werden auch Schildläuse, Rote Spinne und Weiße Fliegen gefressen.

Raupenfliegen *(Tachinidae)* ähneln struppigen Schmeißfliegen. Die erwachsenen Tiere leben von Nektar, die Larven entwickeln sich parasitisch in Raupen von zahlreichen Motten, Spannern und Wicklern, sowie in 37 Kohlweißlings-Arten.

Florfliegen *(Chrysopa)* und die eng verwandten bräunlichen Blattlauslöwen sind mit ihren zarten, langen zartgrünen Flügeln auffällige Insekten. Als erwachsene Tiere ernähren sie sich von Pollen, Nektar und Blattläusen. Die Larven sind starke Blattlausjäger – 500 Stück vertilgt ein Exemplar, aber auch Schildläuse, Blutläuse, Milben und Raupen stehen auf ihrem Speiseplan.

Erz-, Schlupf- oder Zehrwespen *(Ichneumonidae)*. Zu dieser Familie gehören viele Arten, darunter Parasiten der Wei-

Schlupfwespen werden gegen Weiße Fliege (oben), Raubmilben gegen Spinnmilben (unten) ausgesetzt

ßen Fliege wie *Encarsia formosa*, die im Gewächshaus eingesetzt und über Versand erworben werden kann. *Trichogramma* wirkt gegen den Maiszünsler, ebenso *Prospaltella*. Als erwachsene Tiere bevorzugen sie den Nektar der Blütenpflanzen.

Schlupfwespen sind Parasiten, die ihre Eier im Schädling ablegen. Einige Arten stechen Kohlweißlingsraupen zur Eiablage an, andere die Kohlblattlaus oder Gemüsefliegen wie die Zwiebelfliege, Weiße Fliegen, Schildläuse oder Minierraupen. Die Familie ist sehr groß und spezialisiert auf die Parasitierung zahlreicher Gartenschädlinge. Die erwachsenen Tiere ernähren sich vom Pollen der Doldenblütler (z.B. von Dill, Kerbel, Möhren, Kümmel und Pastinaken).

Marienkäfer (Siebenpunkt) verzehren vor allem Blattläuse, pro Tag bis zu 150 Stück, die Larve allein bis zu 800 Stück. Die hübschen Käfer zählen damit zu den aktivsten Blattlausvertilgern. Einige Arten leben auch von Spinnmilben, Schildläusen und der 22-Punkt-Marienkäfer sogar von Mehltau.

Weichkäfer *(Cantharidae)* fallen durch eine braunrote Farbe auf, durch lange Fühler und einen schmalen, gestreckten Körper. Während die erwachsenen Tiere von Nektar, Blütenpollen, Läusen und kleine Insekten leben, verzehren die Larven Schnecken und Kleininsekten.

Ohrwürmer *(Dermapterae)* kriechen trotz ihres Namens niemals in Ohren, vielmehr leben sie von Blattläusen, Eiern und Gespinstmotten, Milben und Wicklern. Aber auch an Pflanzenteilen, besonders an Dahlienblüten sind sie sehr interessiert, so daß ihr Nutzen umstritten ist. Mit Holzwolle gefüllte Tontöpfe sind

PFLANZENSCHUTZ

ideale Verstecke. Man hängt sie in Obstbäume, womit sie ihren Opfern recht nahe sind.

Raubwanzen *(Heteroptera)* ernähren sich von Spinnmilben, Läusen, Raupen und Mückenlarven.

Laufkäfer *(Carabidae)* fallen im Garten durch ihre Größe, den metallisch goldgrün oder braun schillernden Rücken und ihre schnellen Bewegungen auf. Ihre Hauptnahrung sind Schnecken, Raupen und Insektenlarven.

Spinnen sind bekannte Räuber, die sich von Mücken, Fliegen, Blattläusen und Milben ernähren. Weitere auffällige Nützlinge im Garten sind Frösche, Kröten, Molche, Eidechsen, Blindschleichen, Igel, Maulwürfe, Spitzmäuse und Vögel. Sie alle benötigen einen möglichst wenig gestörten Lebensraum, eine Ecke mit Laub, Moder und Steinen sowie einen nicht allzu aufgeräumten Garten, in dem es auch den Winter über Verstecke gibt.

Im Gewächshaus lohnt sich vorbeugend das Aufhängen von gelben Leimtafeln (Gelbsticker), an denen anfliegende Insekten hängenbleiben. Ein Befall läßt sich oft auf so einfache Weise hinauszögern oder im Ansatz verhindern. Im Versand erhältliche Nützlinge können sich dann entfalten, wenn bereits einige Schädlinge als Nahrungsgrundlage vorhanden sind. Eine gewisse Schadensschwelle muß daher erlaubt sein, wenn man Rundumschläge mit Insektengiften vermeiden will. Blattläuse bekämpft man im Gewächshaus mit Florfliegen *(Chrysopa carnea)* und auch räuberischen Gallmücken *(Aphidoletes aphidimyza)*. Rote Spinnen oder Spinnmilben haben die Raubmilben *(Phytoseiulus persimilis)* als Feinde. Gurken, Auberginen, Paprika, Stangenbohnen und Buschbohnen sind von der Roten Spinne häufig stark befallen. Die Weiße Fliege befällt Gurken, Tomaten, Paprika, Melonen – ein schlimmer Schädling, der durch die Schlupfwespe *(Encarsia formosa)* parasitiert wird. Integrierter Pflanzenschutz heißt jedoch, nicht nur zu reagieren, wenn der Schaden bereits aufgetreten ist, sondern vorbeugend durch eine Vielzahl von Maßnahmen die Pflanzen zu kräftigen und den Schädlingen und Krankheiten jede Chance zu nehmen. Dazu gehört auch die richtige Sortenwahl, die sich an Widerstandsfähigkeiten der Züchtungen gegen möglichst viele Krankheiten und Schädlinge orientiert.

Eine Nützlingsecke bietet vielen Helfern Nahrung und Schutz

PFLANZENSCHUTZ

Schädlinge und Krankheiten

Schädlinge	Kommt vor an:	Schadbild	Bekämpfungsmaßnahmen
Blattläuse	fast allen Gemüsearten, besonders an Kohl, Salat, Puffbohnen	Verkrüppelter Wuchs, feine, helle Saugstellen. Folgeschäden: Honigtau und infolge darauf siedelnde Rußtaupilze, Übertragung von Viruskrankheiten.	Insektenschutz. Abspritzen mit scharfem Wasserstrahl. Spritzen mit Neudosan. Nützlinge einsetzen: Marienkäfer, Florfliegen, Schwebfliegen. Fangpflanze: Gartenmelde, Kapuzinerkresse.
Bohnenfliege	Busch- und Stangenbohnen, (nur in der Keimphase) Erbsen	Zerfressene Keimblätter, Fraßgänge in Stengel und Wurzel. Wachstumsstopp.	Samen beizen mit Insektizid. Überdecken mit Insektenschutznetz. Vorkeimen am Fensterbrett oder im Gewächshaus.
Erdflöhe	allen Kreuzblütlern (Radies, Rettich, Kohl), Keimlingen	Loch- und Fensterfraß an jungen Blättern	Saatbeet sehr feucht halten, Trockenheit vermeiden, notfalls stäuben mit Spruzit.
Erdraupen/ Eulenfalter	Endivien, Salat, Roten Rüben, Kohl, Möhren, Zwiebeln	Lochfraß an Wurzeln, Früchten, Blättern. Abgefressene Wurzeln, folglich welkende Pflanzen.	Boden feucht halten. Mischkultur mit stark riechenden Pflanzen (Tomaten, Sellerie). Spritzen mit Dipel *(Bacillus thuringiensis)*
Gemüsefliegen	fast allen Gemüsearten (z.B. Radies, Rettich, Chinakohl, Kohl, Möhren)	Fraßgänge und Maden im Knollen- und Wurzelbereich, Pflanzen sterben ab, Gemüse wird unbrauchbar. Bei Kohl Papiermanschetten um die Stiele legen.	Insektenschutznetz. Tolerante Sorten verwenden. Mischkultur mit stark riechenden Pflanzen. Sehr früh oder spät aussäen, wo möglich.
Lauchmotte	Porree, Zwiebeln	Fraßgänge zunächst an den Herzblättern, später auch im Schaft	Laufende Kontrolle in den Sommermonaten, absammeln, Insektenschutznetz spannen. Spritzen mit Spruzit flüssig.
Raupen	Kohlarten	Lochfraß an Blättern, zunächst außen, später auch im Kopf.	Absammeln. Spritzen mit Dipel *(Bacillus thuringiensis)*.
Rote Spinne (Spinnmilben)	Bohnen, Gurken, Paprika, Auberginen	Blattunterseits feines Gespinst, oberseits punktförmige Saugstellen	Luftfeuchtigkeit erhöhen. Mehrfach Neudosan spritzen. Raubmilben einsetzen.
Schnecken	weichblättrigen Salaten, fast allen Gemüsearten	Fraßstellen an Blättern, Stengeln, Früchten.	Im Frühwinter graben. Schneckenzäune errichten. Ködern mit Bierfallen, feuchten Brettern, gezielt und nicht flächig gießen. Häufig hacken und nicht mulchen. Nützlinge wie Igel, Laufkäfer fördern. Mit Sägemehl oder Häcksel Sperren anlegen.

PFLANZENSCHUTZ

Schädlinge und Krankheiten

Schädlinge	Kommt vor an:	Schadbild	Bekämpfungsmaßnahmen
Weiße Fliege (Mottenschildlaus)	Gurken, Paprika, Auberginen, Tomaten unter Glas	Zahlreiche punktförmige Fraßstellen, blattunterseits weiße, kleine Falter.	Gelbtafeln aufhängen. Mehrfach spritzen mit Neudosan oder Para-Sommeröl. Nützlinge: Schlupfwespen einsetzen.
Auflaufkrankheiten, Umfallkrankheit, Schwarzbeinigkeit	im Aussaatbeet an fast allen Sämlingen	Hell-dunkelbraune oder schwarze Stellen an den Stielen und Blättern, Umfallen und Vertrocknen der Sämlinge.	Keimfreie Erde verwenden, für Licht und Luft sorgen, nur morgens gießen. Gießen mit desinfizierenden, zugelassenen Mitteln.
Grauschimmel (Botrytis)	fast allen Gemüsen und Sämlingen, vor allem im Gewächshaus	Grauer Pilzrasen an Blättern, Stielen, Früchten, Faulstellen.	Typischer Schwächeparasit. Allgemeinbedingungen verbessern, mehr Licht, Luft, Trockenheit. Pflanzenstärkende Mittel verwenden.
Gurkenwelke	Gurken, vor allem im Gewächshaus, an Melonen	Pflanzen welken trotz feuchter Erde.	Pflanzen vernichten. Befallene Erde wechseln. Vorbeugend auf Feigenblattkürbis veredeln.
Kraut- und Braunfäule	Tomaten, Kartoffeln	Braungraue Flecken an Früchten und Blättern.	Die unteren Blätter entfernen ab Juli, damit die Erreger nicht auf die Pflanzen gelangen, Pflanzen mit Folie vor Regen schützen.
Echter Mehltau	Gurken, Erbsen, Melonen, Salaten, Löwenzahn	Blattoberseits mehlartiger Belag.	Resistente Sorten verwenden. Temperatur erhöhen, für mehr Lüftung sorgen. Mit schwefelhaltigen Mitteln spritzen.
Falscher Mehltau	Gurken, Kopfsalat, Feldsalat	Blattunterseits hellgrauer Pilzrasen.	Resistente Sorten verwenden. Luftfeuchtigkeit senken, spritzen mit zugelassenen Pilzbekämpfungsmitteln.
Kohlhernie	allen Kohlgewächsen, vor allem an Chinakohl	Verdickte, knollige Wurzeln, gehemmtes Wachstum.	Resistente Sorten verwenden. Den Kalkgehalt des Bodens erhöhen. Strengen Fruchtwechsel betreiben.
Salatfäule (Sklerotinia)	Salat, Bohnen, Endivien	Schwarzbraune Verfärbungen am Wurzelhals. Welken und Absterben.	Nicht zu tief pflanzen. Für Luft sorgen; selten, dann aber gründlich gießen. Befallene Pflanzen sofort entfernen. Erde desinfizieren.
Sellerie-Blattflecken	Sellerie, Petersilie	Braunfärbung und Absterben der Blätter	Resistente Sorten verwenden. Befallene Blätter entfernen. Feuchtigkeit senken.

RICHTIG SÄEN

Saatgut und Saatgutformen

Fast alle Gemüsearten werden über Samen weitervermehrt. Die Aussaat der wärmebedürftigen Arten mit langer Anzuchtzeit unter Glas und der weniger empfindlichen direkt ins Freie haben daher große Bedeutung. Neben dem normalen Saatgut bieten die Samenzüchter und -vertreiber auch verschiedene Formen an, die Erleichterungen beim Säen bieten.

Kalibriertes Saatgut wurde nach Größen sortiert. Es ist qualitativ besonders hochwertig und vor allem für den Erwerbsgärtner von Interesse.

Pillensamen wurde mit natürlichen Stoffen wie Tonmehl, Torfmehl und Algenpräparaten umhüllt, um kleine und unregelmäßige Formen verschiedener Samen besser greifbar und mit Maschinen in präzisem Abstand säbar zu machen. Man spart damit das Vereinzeln von Möhren, Zwiebeln, Porree, Radies und Salat. Die Pflanzen wachsen sofort in genügend Abstand und kräftiger heran. Es gibt Pillen fürs Freiland und anders zusammengesetzte für die Anzucht in Erdtöpfchen. Saatbänder ersparen ebenfalls das Vereinzeln. Maschinell wird der Samen gleichmäßig verteilt in Bänder aus verrottetem Papier gebracht. Mit dieser Ablagetechnik können auch Mischkulturen vorgesät werden, z.B. Rettich mit Eissalat, Möhren mit Radies, Kräuter in Mischung.

Die Keimfähigkeit des Saatgutes unterliegt wie die Echtheit und Qualität der Sorte der gesetzlichen Kontrolle nach Mindestnormen. Darüber hinaus geben einige Züchter auch eine Keimgarantie mit aufgedrucktem Haltbarkeitsdatum. Nützlich ist auch eine Angabe über die Zahl der Pflanzen, die aus einer Portion erwächst. Gutes Saatgut ist keimgeschützt verpackt. Vorher wurde es speziell getrocknet und behandelt und bleibt daher in der ungeöffneten Packung lange haltbar. Nach dem Öffnen verliert es allmählich, etwa innerhalb von 1–2 Jahren, an Keimfähigkeit. Schnittlauch, Zwiebeln, Porree, Kräuter sollten nicht länger aufbewahrt werden (ein Weckglas in einem trockenen frostfreien Raum ist ideal zum Lagern). Bohnen Erbsen, Salate, Radies, Rettich und Zuckermais bleiben 2–3 Jahre haltbar, Gurken und ölhaltige Samen von Senf oder Kohlarten können auch länger keimfähig bleiben.

Ein Keimtest auf angefeuchtetem Löschpapier oder bei Bohnen und Erbsen in mäßig feuchtem Sand ist bei Zimmertemperatur schnell gemacht. Anschließend

Ein Keimtest auf Löschpapier gibt Gewißheit über die Vorräte

RICHTIG SÄEN

hat man Gewißheit und kann sich beim Säen mit dünner oder dickerer Saat darauf einrichten. Liegt der Wert unter 50%, kauft man besser neu. Bei Werten bis 75% wird etwas mehr Samen ausgebracht. Über 75% ist kein Schaden zu erwarten.

Ältere Sorten, die in den Samenkatalogen aufgeführt sind, haben sich über Jahre im Anbau bewährt. Dennoch geht die Entwick-

lung mit Riesenschritten weiter. Moderne Züchtungen und besonders die F_1-Hybriden (erste Nachkommen nach erfolgter Kreuzung) sind vor allem widerstandsfähiger (resistenter) gegen viele Pflanzenkrankheiten. Sie sind meist auch ertragreicher, enthalten mehr Vitamine und Geschmack und sind besonders einheitlich, was im Garten allerdings manchmal auch weniger vorteilhaft ist. Daher gibt es Sorten, die mehr für die Industrie oder für den Erwerbsgärtner geeignet sind, andere wurden speziell auf dauerhafte Ernte gezüchtet. Die eigenen Erfahrungen und die Empfehlungen, die von offizieller und privater Seite

Nur durch weiten Abstand oder Verziehen erzielt man so schöne Möhren

nach Erfahrungen gegeben werden, erweisen sich nach wie vor als nützlich. Achten Sie auf resistente Sorten, dann treten viele Probleme von vornherein nicht auf. Und wählen Sie die beste erhältliche Sorte – ein paar Pfennige mehr machen sich vielfältig bezahlt. Am Beispiel der Gurken wird dies besonders deutlich: Die alte Einlegegurke 'Vorgebirgstrauben' bringt $2/3$ männliche und nur $1/3$ weibliche, fruchtende Blüten. Sie ist außerdem gegen keine Krankheit resistent und auch nicht bitterfrei. Möglicher Ertrag:

RICHTIG SÄEN

1,5–2 kg/m². Moderne Sorten wie z.B. 'Parmel F1' oder 'Accordia F1' sind überwiegend oder voll weiblich. Jede Blüte kann eine Frucht bringen. Der Ertrag liegt daher bei 5–6 kg/m². Die Früchte sind kernlos und völlig bitterfrei, die Pflanzen resistent gegen Viren, Krätze und Mehltau.

Samenbeizung

Da auch Samen den Angriffen von Auflaufkrankheiten im Saatbeet ausgesetzt sind oder wie Bohnen von der Bohnenfliege oder Möhren von der Möhrenfliege befallen werden, wird Saatgut vom Erwerbsgärtner gern vorbeugend gebeizt. Für den Hausgarten ist das Saatgut durchweg unbehandelt. Wer beizen will, tut es also aus guten Gründen, meist im Überschußverfahren: Der Samen wird in einem Sieb zusammen mit dem mehlförmigen Mittel geschüttelt und dabei umhüllt. Das übrige Beizmittel kann wieder verwendet werden. Es gibt zugelassene chemische Beizmittel wie z.B. Hora-Saatgutpuder, Polyram-Kombi mit dem Wirkstoff TMTD oder solche mit Insektiziden. Demgegenüber verbreiten sich immer mehr Mittel auf pflanzlicher Grundlage wie z.B. die Samenbäder aus vergorenen Zwiebelschalen, Schachtelhalm, Rainfarn, Knoblauch u.a. Gegen Insekten empfehlen sich die Schutznetze (s. S. 24).

Saatbänder und Pillensamen ersparen das Verziehen. Die Horst- oder Dibbelsaat verbessert die Standfähigkeit bei Buschbohnen

RICHTIG SÄEN

Aussaat im Freien

Ganz maßgeblich hängt der Aussaaterfolg vom Pflanzenstart ab und dieser wiederum von einem richtig zubereiteten Saatbeet. Nach dem Winter wird der Boden mit einem Krail oder Rechen nur ganz leicht an der Oberfläche gelockert, damit die entstandene Struktur mit den zahlreichen Kapillarröhrchen nicht gestört wird. Zu tiefes Lockern kurz vor der Saat hat zur Folge, daß der Samen in lockerer Krume liegt und stark vom Austrocknen bedroht ist.

Mit einer Schnur werden die Beete abgeteilt. Wege getreten und mit einem Reihenzieher oder dem Rechenstiel 2–3 cm flache Rillen gezogen. Der Samen soll darin dünn verteilt liegen, bei zu dichter Aussaat vergeilen die Pflanzen, Radieschen und Salate können bald schießen. Für Ungeübte bieten Saatbänder und Pillen gute Dienste.

 Bohnen z.B. entwickeln sich standfester, wenn der Samen zu mehreren (5–7) in Horsten abgelegt wird. Später kann man zusätzlich noch anhäufeln. Anschließend wird lockere Krume darübergezogen mit dem Rücken des Rechens angedrückt (sehr wichtig!) und danach mit feiner Brause angegossen, ohne daß sich dabei »Seen« bilden und der Boden verschlämmt.

RICHTIG SÄEN

> Vlies und Schlitzfolie halten ein Saatbeet lange Zeit feucht und fördern damit den gleichmäßigen Aufgang. Außerdem gedeihen die Jungpflanzen besser in günstigem Kleinklima.
> Auf schwerem, kaltem Boden entwickeln sich die Aussaaten besser auf angehäufelten Reihen. In die Saatrille kommt als Abdeckung lockerer Kompost. Besonders Vögel sind spezialisiert auf gequollene, angekeimte Samen, die sie auch unter dem Boden zu finden wissen. Drahtgitter und Folie verhindern den Zugriff.

Aussaat im Zimmer

Der Start für Gemüse aus dem Süden mit langer Anzuchtdauer beginnt schon im Winter im Gewächshaus. Die Anzucht von Treibkohlrabi, Salat, Rettiche, Frühkohl im Januar, ab März Paprika, Tomaten und Auberginen, im April dann Gurken und Melonen helfen viel Geld sparen. Ob Töpfe, Schalen oder Topfplatten verwendet werden, sie sollten vor allem sehr sauber gespült und damit frei von Pflanzenkrankheiten sein. Beliebt sind auch die Torftabletten (Jiffy 7), die bei Zugabe von Wasser quellen und danach übersät oder zum Pikieren genutzt werden. Eigenen Kompost kann man zwar verwenden, sollte ihn

Zucchinisämlinge gut gelungen, und zu naß, zu dunkel, zu warm gehalten (oben). Bohnenhorste nach dem Aufgang (unten)

aber unbedingt sterilisieren (s.S. 14). Ansonsten leisten schwach gedüngte, lockere und humusreiche käufliche Anzuchterden gute Dienste. Reiner Torf ist ungeeignet, weil ihm der Kalk fehlt und Blumenerde enthält zu viel Dünger, die Sämlinge »verbrennen« darin.
Zur Aussaat wird das Gefäß bis zum Rand mit Substrat gefüllt, mit einem Brettchen oder der Handfläche leicht angedrückt und dünn besät. Eine dünne Schicht Erde sorgt für dunkle Keimbedingungen. Bei Lichtkeimern wie zum Beispiel manchen Kräutern oder bei besonders feinem Sa-

RICHTIG SÄEN

men wird nicht abgedeckt. Nach dem Abgießen mit einer feinen Brause wird ein Platz mit passenden Keimtemperaturen gesucht, die sehr unterschiedlich sein können (s. Tabelle).

Vor allem auf steinernen Fensterbänken kann es weitaus kälter als im Raum sein. Eine Kontrolle mit dem Thermometer gibt Sicherheit. Keimschalen sind gut gegen Austrocknen geschützt, wenn sie, bis die Samen aufgegangen sind, in einen transparenten Plastikbeutel gesteckt werden oder wenn man das Gefäß mit einer Haushaltsfrischhaltefolie abdeckt. Sofort nach dem Keimen wird die Folie entfernt.

Sobald die Sämlinge gut faßbar sind, erfolgt ein erstes Umsetzen in neue Erde mit mehr Platz nach allen Seiten (Pikieren). Dabei leisten ein spitzes Hölzchen oder eine Pikierhilfe aus Plastik gute Dienste. Die Wurzeln werden ein wenig eingekürzt, was sie zum Verzweigen veranlaßt. Das Pflänzchen verschwindet nun bis zu den Keimblättern in der Erde. Mit leichtem Druck von 2 Seiten erhalten die Wurzeln Anschluß an die Erde. Nun wird noch mit feiner Brause angegossen und an einem hellen Platz, aber nicht in der prallen Sonne weiterkultiviert. Unter einer Plastikhaube entwickelt sich feuchte Luft, die den Pflanzen sehr gut bekommt. Tomaten und Gurken werden ein zweites Mal umgesetzt, jetzt schon in nährstoffhaltigere Erde, bevor sie nach einigen Tagen der Abhärtung durch frische Luft und einer Flüssigdüngung ins Freie gepflanzt werden. Dabei erhalten die Pflanzen genügend Raum für Wurzeln oder Topfballen mit einer Pflanzschaufel. Vor allem Salat darf nicht tiefer gepflanzt werden als er vorher im Boden stand, also höchstens bis zu den Keimblättern, sonst verfault er.
Zur Jungpflanzenanzucht eignen sich neben der Fensterbank vor allem Frühbeet und Gewächshaus. Die Tabelle gibt Auskunft über die Anforderungen rings um die Anzucht.

Der Samen soll möglichst dünn verteilt fallen. Danach leicht andrücken!

GEMÜSEKULTUR

Kultur der wichtigsten Salate und Gemüse

Art	Saatgutbedarf p. 10 m²	Reihenabstand	Abstand i.d.R.	Aussaatzeit
Auberginen	1 Port.	40	40	2/3
Bohnen: Busch-	125–150 g	30	4–5	A 5/Mi 7
Stangen-	2–3 Port.	80	60	Mi 5
Puff-, Dicke -	2 Port.	30–40	3–5	E 2/3
Erbsen	200–250 g	20–30	2–3	A 4
Fenchel (Knollen)	1 Port.	30–40	20–25	E 6/7
Gurken: Freiland-	2–6 g	100	20	Mi 5
Treib-	30 Korn	100	40	2/5
Kohl: Blumen-	1 Port.	50	40	2–Mi 5
Brokkoli	1 Port.	40–50	50	4/5
China-	1 Port.	30–40	25–30	Mi 7/A 8
Grün-	1 Port.	40	40	6/A 7
Kohlrabi-	1 Port.	30	25	A 4/6
Rosen-	1 Port.	60	50	4
Weiß- u. Rot-	1 Port.	50	50	1/5
Wirsing-, Butter-	1 Port.	50	40–50	1/5
Kürbis	1 Port.	200	100–120	A 4–E 5
Mangold (Stiel-)	1 Port.	30	12–15	A 4–8
Melonen	1 Port.	100	20	E 4/A 5
Möhren	3–5 g	30	2–3	3/E 6
Paprika	1 Port.	60	40	Mi 2/A 3
Pastinaken	1 Port.	80	10–15	E 3/A 5
Porree	1 Port.	40–50	15	E 3/6
Radies: Freiland-	20 g	20	6–10	E 8/Mi 8
Treib-	20 g	20	6–10	Tr. 8/3
Rettich	15	30	10–20	3/8
Rote Rüben	15–20	25	10	4/6
Salat: Kopf-	1 Port.	30	25	3/Mi 7
Eis-	1 Port.	40	35	4/A 6
Pflück-	1 Port.	40	10–35	3/Mi 9
Chicoree-	1 Port.	40	10	4/5
Feld-	3 Port.	5–10	1	8–10
Radicchio-	1 Port.	25	20	5/E 6
Zuckerhut-	1 Port.	30	20	Mi 6/Mi 7
Schwarzwurzeln	1 Port.	25–35	10–15	E 3/4
Sellerie: Bleich-	1 Port.	30	40	E 2/E 3
Knollen-	1 Port.	40	40	3
Spargel (Grün-)	1 Port.	80	30	3–4
Spinat	40–50 g	20	1	E 5/A 5
Tomaten	1 Port.	80	40	E 2/A 3
Zwiebeln: Sommer-	1 Port.	30	2	A–Mi 8
Überw. -	1 Port.	30	2	A–Mi 8
Zucchini	1 Port.	80	80	E 4/E 5

A = Anfang; M = Mitte; E = Ende; 1–12 = Monat

GEMÜSEKULTUR

Vorkultur	Pflanzzeit	Kultur	Erntezeit	Erträge pro m²
G	E 5	Freiland	8/10	6–10 kg
Fr		Freiland	7/10	1,5–1,8 kg
		Freiland	7/9	2–3 kg
		Freiland	5/6	2–3 kg
Fr		Freiland	E 6/7	1,0–1,2 kg
Fr	A 8	Freiland	10/11	2,5–3 kg
Fr		Freiland	7/9	1,5–5 kg
G	E 4/E6	Gewächshaus	Mi 6/10	15–30 Stück/Pflanze
F, Fr, Fo	A 4–6	Freiland	Juni–Okt.	3–4 kg
		Gewächshaus	Juni–Okt.	
F, Fr, Fo	E 5/7	Freiland	7/10	2–3 kg
Fr	E 8	Freiland	10/11	15–18 kg
Fr	A–E 7	Freiland	10/2	2–3 kg
F, Fo, Fr	6/8	Freiland	7/10	10–15 Stück
Fr	5/A 6	Freiland	10/1	1–1,5 kg
Fr	A 4/7	Freiland	Mi 7/10	8–10 kg
Fr, Fo	A 4/7	Freiland	Mi 6/12	7–8 kg
G	E 5	Freiland	9–11	8–10 kg
Fr, G		Freiland	5–11	2–4 kg
G, Fo	E 5/A 6	Freiland	Mi 8/10	8–10 kg
Fr		Freiland	E 6/11	4–8 kg
G		Freiland	7/10	2–2,5 kg
Fr		Freiland	10/3	5–8 kg
Fr	E 5/8	Freiland	8/5	3–4 kg
Fr		Freiland	4/10	
G, Fr, Fo			10/4	120–150 Stück
G, Fr, Fo		Freiland	5/10	15–20 Stück
Fr		Freiland	7/11	2–4 kg
Fr, Fo	4/A 8	Freiland	5/10	10–15 Stück
Fr, Fo	5/Mi 7	Freiland	E 6/9	6–8 Stück
Fr, Fo, G	3/E 9	Freiland	A 1/11	4–10 kg
Fr		Freiland	12/3	1,2–1,5 kg
Fr, G		Freiland	10/4	1–1,5 kg
Fr		Freiland	10/12	10–12 Stück
Fr		Freiland	10/3	12–15 kg
Fr		Freiland	10/3	50–60 Wurzeln = 2–3 kg
Fr	M 5/A 6	Freiland	E 8/10	10–12 kg
Fo	Mi 5/A 6	Freiland	E 8/10	3–5 kg
G, Fo	4–5	Freiland	Mai–Juni	0,4–0,5 kg
Fr, Fo		Freiland	4/5	1–1,5 kg
G	Mi 5/A 6	Freiland	7/10	10–15 kg
Fr		Freiland	8/10	2,5–3 kg
Fr		Freiland	Juni/Juli	2–2,5 kg
G, Fr	E 5/A 6	Freiland	E 7/100	5–8 kg

G = warme Kultur (Gewächshaus); Fo = Frühbeet/Folie; Fr = Freilandaussaat

BLATTGEMÜSE

Blumenkohl

(Brassica oleracea var. botrytis)
Kreuzblütler

Das edelste aller Kohlgemüse (das zugleich eines der ältesten ist) besitzt einen schalenförmigen Blütenstand, der sich aus Hunderten von winzigen Knospen aufbaut.
In der Kultur ist Blumenkohl anspruchsvoll und fordert das Können der Gärtner heraus. So will er ständig reichlich mit Feuchtigkeit und Nährstoffen versorgt sein. Bei Mangel bilden sich keine schönen Köpfe.

Boden: Ein fruchtbarer, wasserhaltender Lehmboden mit hohem Humusgehalt ist ideal. Auf Sandboden erfordert er ständige Pflege. Nur im Marschboden verträgt er Nachbau mit sich selbst, ansonsten ist wegen Kohlhernie Fruchtwechsel angebracht.
Aussaat: Kultur zur Pflanzenanzucht im Frühbeet oder Gewächshaus ist üblich. 1 g Samen enthält 200–400 Korn und ergibt 100–120 gute Pflanzen. Man sät ab Januar unter Glas, bis Anfang Juni im Freiland. Breitwürfig säen, den Samen nur schwach mit Substrat bedecken. Keine Blumenerde, sondern immer nur schwach gedüngte Anzuchterde verwenden!
Pflanzung: Nach ca. 5 Wochen Vorkultur in einem Abstand von 50 × 50 cm, bei Herbstsorten im Abstand von 60 × 60 cm.
Düngung: Kompost und Stallmist werden gut vertragen. In der Fruchtfolge zählt Blumenkohl zu den Starkzehrern. Der Nährstoffentzug ist hoch, 2–3malige Düngung angebracht. Auf die Versorgung mit Spurenelementen ist besonderer Wert zu legen.
Pflege: Reichlich hacken, besonders nach Regenfällen. Bei beginnender Kopfbildung werden einige Blätter eingeknickt, um die Blume schön weiß zu halten.
Schädlinge: Blattläuse: mit scharfem Strahl abspritzen oder Seifenlösungen spritzen, Kohlweißlingsraupen: Dipel spritzen, absammeln.
Krankheiten: Kohlhernie, Fruchtwechsel einhalten!
Sorten: <u>Weiß</u>: Für Frühanbau unter Folie, Vlies, im Gewächshaus 'Alpha', 'Opaal'; für Frühsommer, Sommer im Freiland 'Celesta', 'Danova', 'Neckarperle'. Für den Herbst 'Flora Blanca', 'Danova'.
<u>Grüne Sorten</u> (sind kleiner, aber intensiver im Geschmack): 'Alverda', 'Romanesco', 'Minaret'.
<u>Violette Sorten</u> (werden beim Kochen grün): 'Violetta di Sicilia'.

Vom Blumenkohl gibt es auch grüne und violette Sorten

BLATTGEMÜSE

Brokkoli, Spargelkohl

(Brassica oleracea var. *italica).*
Kreuzblütler

Der Brokkoli ist dem Blumenkohl so nah verwandt, daß es manchmal schwer fällt, die Übergänge zu klassifizieren, so z.B. beim 'Romanesco', einer italienischen Herbstsorte mit türmchenartigen Höckern (Minarettkohl), den die Italiener als Brokkoli bezeichnen. Der hauptsächliche Unterschied besteht in der starken Ausbildung von zarten Seitensprossen bei einigen Sorten, womit sich eine 2–3malige Ernte nach dem Abschneiden des Hauptkopfes ergibt. Der bei uns fast unbekannte, in England aber beliebte 'Sprouting Broccoli' besteht nur aus dünnen, aber schmackhaften Seitentrieben. Außerdem ist Brokkoli immer kräftig grün oder violett, schmeckt durch das enthaltene Chlorophyll intensiver und verfügt über sehr hohe Vitamin-C-Werte. Die Ernte erfolgt kurz vor der Blüte, die in Hitzeperioden sehr schnell einsetzt und dann das Gemüse fast wertlos macht.
Sicherer als die Aussaat im Frühjahr mit Ernte im Hochsommer ist die Herbstkultur, die dem Bedürfnis des Brokkolis nach milden Temperaturen und reichlich Feuchtigkeit sehr viel besser entspricht. Eine empfehlenswerte Aussaatzeit ist Ende Mai bis Mitte Juni. Alle anderen Kulturdaten entsprechen dem des nahe verwandten Blumenkohls.
Sorten: 'Calabrese' ('Calabrais'), eine ältere, nicht sehr regelmäßige, aber brauchbare Züchtung, die die Köpfe nach und nach

Brokkoli bildet Seitensprosse, die man mehrmals ernten kann

bildet, was dem Bedarf im Hausgarten entgegenkommt. 'Emperor', 'Corvet', 'Shogun', 'Septal' sind sehr gute, gleichmäßige F1-Hybriden mit großem Kopf für die Normalkultur, aber wenig Seitentrieben. 'Juwaprim' eignet sich zur Verfrühung mit Vlies und Folie. 'Rosalind' und 'Violet Queen F1' sind ausgesprochen schmackhafte violette Züchtungen, die sich beim Kochen grün färben.

Chinakohl

(Brassica pekinensis).
Kreuzblütler

Vor wenigen Jahren noch war diese Kohlart nahezu unbekannt. Seine Kopfform gleicht einem mehr oder weniger kurzen Zylinder. Der Chinakohl wird daher als Nachfrucht für die Ernte in den Herbstmonaten angebaut. Bei Frühjahrsaussaat glückt der Anbau nur, wenn die Jungpflanzenanzucht unter warmen Temperaturen (über 20 °C bis zum Auspflanzen stattfindet.
Boden: Chinakohl gedeiht auf allen Böden, am besten jedoch auf lehmigen Gartenböden mit hohem Kalkgehalt und reichlich Feuchtigkeit.

Chinakohl, ideal für den Spätanbau

BLATTGEMÜSE

Aussaat: Mitte Juni bis spätestens Anfang August. Direktsaat mit Verziehen auf 30–40 cm Abstand oder Pikieren in Topfplatten zum Auspflanzen ist der Anzucht im Saatbeet vorzuziehen – die dünnen Pfahlwurzeln wachsen nämlich schlecht an.
Pflanzung: 3–4 Wochen nach der Aussaat im Abstand von 30 × 40 cm und spätestens bis 10. September.
Düngung: Der Nährstoffentzug ist nicht allzu hoch. Chinakohl gehört zu den Mittelzehrern. Kompost wirkt auf den Humusgehalt. Zweimalige Düngung reicht aus. Wegen der großen Empfindlichkeit gegen Kohlhernie sind resistente Sorten besonders aktuell.
Pflege: Hacken, ernten vor dem Frost.
Krankheiten: Alternaria-Blattflecken, Kohlhernie: Fruchtwechsel.
Schädlinge: Kohlweißlingsraupen: Dipel spritzen, absammeln. Erdflöhe: Saatbeet immer feucht halten, Kohlfliege: Schutzkragen oder Insektenschutznetz einsetzen.
Sorten: 'Chorus' und 'Harmony', 'Hongkong-Resist' (alles F_1-Hybriden mit kurzem, zylindrischen Kopf. Zu den langzylindrischen Züchtungen zählen Sorten mit guter Lagerfähigkeit im Winter wie 'Monument F1', 'Jade Pagoda F1' und die ältere 'Granat'.

Pak Choy, Chinesischer Senfkohl

(Brassica chinensis). Kreuzblütler

Nach dem sehr nahe verwandten Chinakohl hat auch der Pak Choy den Weg in unsere Gärten gefunden. Pak Choy liegt zwischen Mangold und Chinakohl. Seine sukkulenten, fleischigen Stiele formen sich zu einem lockeren, aufrechten Kopf. Im Geschmack ist er sehr mild. Er wird als Gemüse und Salat verwendet. Die Kultur gleicht in allem dem Chinakohl. Ein Problem ist das Schießen, das allerdings einem Chinesen oder Japaner nichts ausmachen würde – der Pak Choy wird in diesen Ländern auch mit Blüten verkauft und verzehrt. Besonders schoßfest ist die Sorte 'Joy Choy F1 Hybride'.

Butterkohl

(Brassica oleracea var. *sabauda* Convar. *fimbriata).* Kreuzblütler

Der Butterkohl gehört zu den wenig bekannten, »alten« Gemüsearten, die langsam in Vergessenheit geraten. Vor allem in Thüringen hat er sich in den Gärten noch erhalten. Vermutlich fand er im 19. Jahrhundert von Italien aus den Weg nach Deutschland.
Er ist mit dem Wirsing nahe verwandt, entwickelt jedoch nur einen lockeren, nicht fest geschlossenen Kopf mit fein genarbten, gelbgrünen Blättern, die von besonders gutem Geschmack sind. Man kann ihn ganz abschneiden wie jeden Kopfkohl. Viel interessanter ist es jedoch, ihn wie einen Pflücksalat Blatt für Blatt über einen längeren Zeitraum hinweg abzuernten. Das Herz bleibt dabei stehen, so daß sich immer neue Blätter bilden. In der Kultur gleicht er frühem Wirsing (s.S. 48), dem er auch äußerlich ähnelt.
Sorten: 'Sperlings Goldberg'.

Pak Choy, der chinesische Senfkohl, ähnelt Chinakohl

BLATTGEMÜSE

Butterkohl kann man über lange Zeit Blatt für Blatt ernten. Grünkohl sieht sehr dekorativ aus – besonders im Schnee

Grünkohl, Federkohl

(Brassica oleracea var. *sabellica).* Kreuzblütler

Der Grünkohl ist eine Spezialität des Nordens. Niedersachsen, Bremen (dort gibt es den Grünkohl mit Pinkel, einer deftigen Mettwurst) und Ostfriesland schätzen dieses besonders Vitamin-C-reiche Wintergemüse sehr. Aber auch im Süden findet die »Gärtnerpalme« zunehmend Liebhaber. Zuckergehalt und Wohlgeschmack nehmen nach den ersten Frösten zu, wenn sich die in den gekrausten Blättern gelagerte Stärke in Traubenzucker umgewandelt hat. Bis Anfang Januar dauert die Erntezeit. Da sehr niedrige Temperaturen selbst den frostbeständigen Grünkohl schädigen können, hat es kaum Sinn, die Ernte mit etwas Schutz durch Reisig hinauszuzögern.

Gegessen werden die abgestreiften Blattspreiten, die in Fleischbrühe mit dazwischen gelegten Mettwürsten gekocht werden. Dazu gibt es in Schmalz und Mehl angebratene Kartoffeln.

Boden: Grünkohl ist anspruchslos, gedeiht auch auf Sandböden und im Halbschatten. Staunässe und Wachstumsschocks sind die Ursache für gelbe, abfallende Blätter.
Aussaat: Auf ein Saatbeet dünn verteilt zwischen Mitte Mai und Anfang Juli. 1 g ergibt etwa 100 gute Pflanzen.
Pflanzung: Mitte Juni bis Anfang Juli im Abstand von 50×50 cm.
Düngung: Kompost und mittlere Nährstoffgaben von 60–70 g/m^2 Volldünger in 2 Gaben sind ausreichend.
Sorten: 'Niedriger grüner krauser', 'Halbhoher grüner krauser', 'Lerchenzungen' (ist auch von attraktiver Form), 'Frosty'.

BLATTGEMÜSE

Kohlrabi

(Brassica oleracea var. gongylodes). Kreuzblütler

Kohlrabi zählt zu den beliebtesten Gemüsen. Er läßt sich im Freiland den Frühling, Sommer und Herbst über und im Gewächshaus sogar in den Spätwintermonaten heranziehen. Die aus dem verdickten Stengel entstandenen Knollen sind fest, knackig und zart.

Kohlrabi paßt gut in Mischkulturen. Er ist ein idealer Lückenfüller und wegen seiner kurzen Kulturzeit nicht schwierig anzuziehen.

Wenn es dennoch Qualitätsfehler wie holzige Knollen oder Blütenbildung gibt, sind Trockenheit, Vernachlässigung in der Anzucht, zu wenig Licht und eine falsch gewählte Sorte schuld. Aus diesem Grunde empfehle ich die alten Sorten wie 'Delikateß', 'Wiener Glas' und 'Blauer Speck' nicht. Es gibt inzwischen unproblematische Züchtungen! Blauer (violetter) Kohlrabi wächst etwas langsamer als grüner. In der Qualität gibt es keine Unterschiede.

Boden: Kohlrabi liebt einen humosen, mit Nährstoffen reich versorgten Boden mit guter Wasserhaltekraft. Unregelmäßige Wasserversorgung führt zum Platzen der Knollen. Viel Kompost ist erwünscht.

Aussaat: Schon Mitte Dezember werden die ersten Treibsorten ('Trero', 'Rowel', 'Blaro', 'Flott F1', 'Quick Star F1') bei 15–20 °C gesät. Ab Ende März bis Anfang April folgen die Freilandsorten, im Frühbeet oder auf einem Saatbeet im Freien breitwürfig verteilt ausgesät. Empfehlenswert ist 1 Woche nach dem Aufgang das Pikieren in Topfplatten oder Töpfe. Letzter Saattermin ist Anfang Juli. Auch Direktsaat dünn verteilt in einer Reihe mit späterem Verziehen auf etwa 30 cm Abstand ist möglich. 1 g enthält ca. 250 Samen, aus denen rund 150 gute Pflanzen erwachsen.

Pflanzung: 3–4 Wochen nach dem Aufgang wird im Abstand von 25 × 30 cm ausgepflanzt. Junge Pflanzen wachsen besser an als ältere.

Düngung: Der Nährstoffbedarf ist mittel. Nach der Grunddüngung mit 60–70 g/m^2 Volldünger werden 3–4 Wochen nach der Pflanzung nochmals 30 g/m^2 eines Stickstoffdüngers gegeben (z.B. Kalkammonsalpeter).

Pflege: Mehrfach hacken und immer gut mit Feuchtigkeit versorgen.

Riesenkohlrabis sind eine Attraktion für Jung und Alt

> Besonders große Kohlrabis mit 8–10 kg Gewicht und mehr erzielt man mit speziellen Sorten. 'Superschmelz', 'Garant' und 'Obelix F1' sind langsam wachsend. Sie brauchen wegen der großen Blätter mehr Platz (30 × 40 cm) und eine zusätzliche Düngung von 30 g Kalkammonsalpeter pro m^2. Diese Kohlrabis bleiben trotz ihrer Größe zart.

BLATTGEMÜSE

Rosenkohl zählt zu den Feingemüsen. Erst nach dem Frost schmeckt er richtig gut

Schädlinge: Erdflöhe und Kohlfliege: Insektenschutznetz und Schutzkragen einsetzen, Boden feucht halten, Blattläuse: mit Neudosan spritzen.
Krankheiten: Kohlhernie: Fruchtwechsel beachten.
Sorten: Neben den erwähnten Treibsorten fürs Gewächshaus (weiß): 'Lanro', 'Rolano', 'Noriko', 'Fulda F1'. Blau: 'Blaro', 'Azur-Star', 'Blusta'.

Rosenkohl

(Brassica oleracea var. *gemmifera).* Kreuzblütler

Diese Kohlart mit 80–120 cm hohen Strünken, an denen sich an den Blattachseln runde, feste Knospen bilden (die »Rosen«) zählt wegen ihres Wohlgeschmacks zu den Feingemüsen. Der Gehalt an Vitamin C und B_2 sowie an Mineral- und Ballaststoffen ist so hoch, daß der Rosenkohl zu den gesündesten Gemüsearten zählt. Die Ernte liegt in den späten Herbst- und frühen Wintermonaten, wobei Sorten mit vielen Blättern am besten gegen Frost und Schnee schützen.
Boden: Der Rosenkohl gedeiht grundsätzlich auf allen Gartenböden, wobei lehmige und Löß- oder Marschböden die besten Voraussetzungen bieten.
Aussaat: Direktsaat ist nicht üblich, vielmehr Jungpflanzenanzucht im Frühbeet oder Saatbeet und Pflanzung als Nachkultur. Hierfür darf die Aussaat nicht später als Anfang Mai für Frühsorten erfolgen. Spätsorten zur Winterernte benötigen länger. Sie werden schon im April gesät. 1 g ergibt 250–300 Korn und ca. 150 gute Pflanzen.
Pflanzung: 4–5 Wochen nach der Aussaat, spätestens Anfang Juni im Abstand von 70 × 50 cm.
Düngung: Er gehört zu den Starkzehrern. Der Nährstoffentzug entspricht einer Grunddüngung vor dem Pflanzen von 70–80 g/m² chloridarmem Volldünger und einer Kopfdüngung Mitte August von weiteren 20 g/m² Kalkammonsalpeter. Organische Dünger können entsprechend dem Entzug gegeben werden. Stallmist ist vorteilhaft. Der Kalkgehalt muß hoch sein.
Pflege: Reichlich wässern, vor allem im September bis Oktober, wenn sich die Röschen bilden. Viel hacken fördert die Standfestigkeit und die Wurzelbildung. Mitte September kann man die Pflanzen kappen, also die Spitzenknospen beseitigen, um den Röschenansatz zu fördern. Faulende Knospen entfernen.
Schädlinge: Erdflöhe und Kohlfliege, Blattläuse: Insektenschutznetz einsetzen, spritzen mit Neudosan. Kohlweißlingsraupen: spritzen mit Dipel, absammeln.
Krankheiten: Kohlhernie: Fruchtwechsel beachten.
Sorten: Früh-mittelfrüh: 'Wilhelmsburger', 'Hossa F1', 'Citadel F1', 'Predora F1', 'Igor F1'.
Spät, zum Überwintern: 'Hilds Ideal', 'Boxer F1'.

BLATTGEMÜSE

Rotkohl
(Brassica oleracea var. capitata f.rubra)

Weißkohl
(Brassica oleracea var. capitata f.alba)

Wirsingkohl
(Brassica oleracea var. sabauda). Kreuzblütler

Die Bedeutung des Kohls ist mit dem Aufkommen neuer Gemüsearten stark zurückgegangen, obwohl sein gesundheitlicher Wert hoch ist. Neben Vitamin C enthalten die Köpfe erhebliche Mengen von Vitaminen und Ballaststoffen, Zucker und gesund erhaltenden Senfölen. Engländer und Amerikaner genießen den Weißkohl vor allem als Salat wegen seiner schnellen Zubereitung und Eignung für die Vollwertkost, sowie gedünstet als frühes zartes Feingemüse. Vor allem die frühen Sorten sowie der späte Spitzkohl 'Filderkraut' zeichnen sich durch besonders guten Geschmack aus – eine Eigenschaft, die bei uns noch wenig zählt. Selbstgemachtes Sauerkraut ist eine gesunde Delikatesse und reich an Vitamin C. Hierfür eignen sich die späten Herbst- und Wintersorten, vor allem auch das Filderkraut.
Auch der Rotkohl könnte für die Salatküche an Bedeutung gewinnen. Bislang ißt man ihn vorwiegend gekocht. Wirsingkohl schätzt man besonders in Frankreich und in Italien als Feinschmeckergemüse. Im Garten macht es wenig Sinn, die Pflanzen bis in den späten Herbst hinein gegen allerhand Schädlinge zu verteidigen. Frühe und mittelfrühe Sorten sind die Alternative, weil sie weniger Platz brauchen und die geschmacklichen Vorzüge des Kohls besser zur Geltung bringen.

Boden: Fruchtbare, reich mit Nährstoffen und Humus versorgte Lehm- oder Marschböden sind ideal. Leichte Böden müssen immer gut mit Feuchtigkeit und Dünger versorgt werden. Mulchen lohnt sich. Besonders wichtig ist der Kalkgehalt des Bodens mit einem optimalen pH-Wert von 7,5–8. Kalk ist der einzige Gegenspieler zur Kohlhernie. Außerdem ist ein konsequenter Fruchtwechsel nötig.

Aussaat: Neben der Direktsaat, dünn verteilt in Reihen von 40–50 cm Abstand und mit einer Saattiefe von 1,5–2 cm, ist vor allem die Jungpflanzenanzucht im Frühbeet oder auf dem Saatbeet (2 g/m^2) üblich, 1 g enthält 250–300 Samen und ergibt etwa 150 gute Pflanzen. Bis zum Auspflanzen vergehen 3 Wochen. Im Gewächshaus wird in Töpfchen von 5–6 cm Durchmesser vorgezogen.

Spitzkohl 'Filderkkraut' gilt als bester Kohl für Sauerkraut

BLATTGEMÜSE

Pflanzung: Es wird auf Abstand 35 × 40 cm gepflanzt bei Frühkohl und auf 50 × 50 cm bei wüchsigen mittelfrühen oder späteren Sorten. 40 × 25 cm ergibt besonders kleine Köpfe.
Düngung: Kohl ist ein Nährstofffresser. Neben Mist und Kompost kommt man ohne Mineraldünger kaum aus. Als Grunddüngung vor dem Pflanzen dienen 70–80 g eines Volldüngers. Nach dem Anwachsen 20 g/m² Kalkammonsalpeter. Bei Sorten, die im Herbst zur Ernte kommen, sind weitere 20 g bei Beginn der Kopfbildung angebracht. Organische Düngung muß rechtzeitig und anhaltend erfolgen, damit die Nährstoffe rechtzeitig frei werden.
Pflege: Hacken, für ausreichend Feuchtigkeit sorgen und die Schädlingsbekämpfung gehören zur Betreuung.
Schädlinge: Erdflöhe, Kohlfliege, Blattläuse: Insektenschutznetz anwenden oder mit Neudosan spritzen. Kohlweißlingsraupen: mit Dipel spritzen, absammeln.
Krankheiten: Schwarzbeinigkeit der Jungpflanzen: für Hygiene und Licht und Luft sorgen. Kohlhernie: kalken, Fruchtwechsel beachten.
Sorten: Früher Rotkohl: 'Frühroť', 'Autoro F1', 'Marner Rocco F1', 'Rodima F1'. Mittelspäte Sorten: 'Mohrenkopf', 'Marner Lagerrot'.
Früher Weißkohl: 'Erstling', 'Cape Horn F1' (Spitzkohl), 'Marner Allfrüh', 'Erma F1'.
Mittelfrüher und später Weißkohl: 'Freshma F1', 'Marner Julico', 'Minicole F1', 'Marner Lagerweiß', 'Braunschweiger' (plattrunder »Türkenkohl«). Für Sauerkraut: 'Filderkraut', 'Holsteiner platter'.
Früher Wirsing: 'Vorbote', 'Praeco', 'Endenicher Advent' (auch zur Überwinterung mit Aussaat im August).
Mittelfrüher und später Wirsing: 'Vertus', 'Eisenkopf', 'Salarite F1' (guter Geschmack).

Rotkohl schmeckt auch als Salat (links). Für Wirsing gibt es schmackhafte Rezepte

Da auch winterharter Kohl bei starker Kälte erfrieren kann, empfiehlt es sich, die Pflanzen vor dem Einfrieren auszugraben und an der Nordseite eines Gebäudes mit zusätzlichem Schutz durch Reisig einzuschlagen, so daß sie vor Sonneneinstrahlung geschützt sind.

Gegen die zahlreichen Schädlinge hat sich eine Abdeckung mit Insektenschutznetz bewährt. Es kann auch auf überwinterndem Wirsing-Kohl bleiben und dient dann als Windschutz und Schattierung zum Verhindern von Frostschäden durch winterliche Sonneneinstrahlung.

BLATTGEMÜSE

Mangold 'Feurio' ein dekoratives Gemüse mit Zierwert

Mangold

Beta vulgaris var. *vulgaris*.
Gänsefußgewächse

Diese alte Kulturpflanze ist mit den Zucker-, Futter- und Roten Rüben eng verwandt. Heimat ist der Mittelmeerraum und Kleinasien. Die Blüte erscheint im 2. Jahr. Es gibt 2 Unterarten: Schnittmangold (var. *vulgaris*) und Stiel- oder Rippenmangold) var. *flavescens*) mit weißen, gelben oder roten Stielen. Beide enthalten viele Vitamine und Mineralien sowie Ballaststoffe.

Schnittmangold: Fast ganzjährig können die fleischigen Blätter wie Spinat geerntet werden (daher englisch »Perpetual spinach«).
Stielmangold: Hier steht die Nutzung der breiten, fleischigen Blattrippen im Vordergrund. Er eignet sich auch hervorragend für den Anbau im Gewächshaus, sogar den Winter über im unbeheizten Haus oder Frühbeet. Es wird nach und nach geerntet – das Herz bleibt stehen.
Boden: Humoser, lehmiger Boden sagt mehr zu, jedoch gedeiht Mangold auch auf leichtem Sandboden. Er nimmt auch mit Halbschatten vorlieb.
Aussaat: Der Samen ist zu mehreren in einem Knäuel. 1 g enthält 45–60 Knäuel. Gesät wird im Abstand von 5–8 cm fortlaufend in Reihen von 25–30 cm Abstand bei 3–4 cm Saattiefe zwischen Mitte April und Anfang Juli. Für Stielmangold lohnt sich auch die Anzucht in Töpfchen, die bis auf die extremen Wintermonate ganzjährig im Gewächshaus möglich ist. Nach 3–4 Wochen wird gepflanzt.
Pflanzung: Stielmangold im Abstand von 35×40 cm.
Düngung: Starkzehrer. Grunddüngung: 40 g/m^2 eines Volldüngers und 2malige Nachdüngung mit je 20 g eines Stickstoffdüngers (z.B. Kalkammonsalpeter). Viel Kompost, Gründüngung oder Stallmist.
Pflege: Hacken, gut wässern, düngen. Die Ernte des Blattmangolds erfolgt ab 8–10 Wochen 10 cm über dem Boden. Das Herz bleibt stehen. Stielmangold wird blattweise geerntet.
Schädlinge: Miniermaden, Rübenfliege: vorbeugend Insektenschutznetz einsetzen.
Krankheiten: Schwarzbeinigkeit: für Licht und Luft sorgen. Selbstunverträglich, daher Fruchtwechsel nötig.
Sorten: Schnittmangold: 'Grüner Schnitt', 'Gelber Schnitt', 'Lukullus' (auch als Stielmangold).
Stielmangold: 'Walliser', 'Genfer Spezial', 'Glatter Silber', 'Paros'. Mit rotem Stiel: 'Feurio', 'Vulkan'.

BLATTGEMÜSE

Spinat

(Spinacea oleracea). Gänsefußgewächse

Obwohl Spinat heute preisgünstig tiefgefroren angeboten wird, zählt er immer noch zu den beliebtesten und gesündesten Frühjahrs- und Herbstgemüsen mit hohem Vitamin-C- und Mineralstoffgehalt. Er wird meist gekocht oder gerade noch bißfest gedünstet als Blattspinat serviert. Empfehlenswert ist die in Italien übliche Nutzung als Salat, die interssante Möglichkeiten bietet. Der Spinat besitzt getrennte Geschlechter: die männliche Pflanze entwickelt schnell einen Blütenstand, die weibliche besitzt mehr Blätter und schießt erheblich später. Zweigeschlechtliche Sorten vereinen beide Geschlechter und besitzen den weiblichen Wuchstyp, wodurch der Ertrag steigt und die Pflanzen länger nutzbar bleiben. Spinat ist wegen der kurzen Kulturzeit von 7–8 Wochen eine gute Vor- und Nachkultur. Fruchtwechsel ist nötig.

Boden: Er gedeiht auf allen gut gelockerten und humosen Gartenböden. Auf staunassen und verdichteten Böden gedeiht er schlecht. Bei Trockenheit schießt er sehr schnell durch.

Aussaat: Als typische Langtagspflanze, die im Sommer bald blüht und nur im Frühjahr oder Herbst ausreichend Ertrag bringt, kommt es auf begrenzte Aussaatperioden an, die auch sortenbedingt sein können: in milden Wintern ab Februar bis Mitte Mai und Anfang August bis Ende August für die Herbsternte. Zur Überwinterung kann von Anfang bis Ende September gesät werden. Im Gewächshaus ist Saattermin von August bis März. 1 g Samen ergibt 90–100 Korn. Mindestkeimtemperatur 5 °C, Saattiefe 3–4 cm. Man sät fortlaufend dünn in Reihen von 25–35 cm Abstand. Saatmenge: 4–6 g/m².

Düngung: Schwachzehrer. Reichlich Kompost und 50–60 g/m² Volldünger genügen. Nachdüngung nach dem ersten Schnitt mit 20 g Kalkammonsalpeter, wenn ein weiterer Schnitt gewünscht ist.

Pflege: Immer gut feucht halten, hacken.

Schädlinge: Rübenfliege, Läuse: Insektenschutznetz verwenden.

Krankheiten: Mehltau: resistente Sorten verwenden.

Sorten: 'Monnopa', 'Vital', 'Butterfly', 'Medania', 'Rico F1', 'Martine FA', 'Solar FA', (Alle F1-Hybriden resistent gegen Mehltau der Rassen A, B, C).

In aufgewärmtem Spinat können sich enthaltene Reste von Nitrat zu giftigem Nitrit wandeln. Daher nur frisch zubereiteten Spinat essen. Der Gehalt an Oxalsäure ist weniger bedeutsam. Milch und in Speisen enthaltenes Calcium wirken neutralisierend.

Spinat zählt zu den Langtagspflanzen

SALATE

Chicoree

(Cichorium intybus var. *foliosum).* Korbblütler

Chicoree wird der Neutrieb der Zichorie nach der Winterruhe genannt. Er enthält neben reichlich Wasser appetitanregende Bitterstoffe (Intybin u.a.) und in hohem Maße Inulin, so daß ihm eine große Bedeutung für die Vollwertküche und die Diät zukommt. Inzwischen gibt es ausgezeichnete Sorten, die sich auch »ohne Deckerde« treiben lassen. Damit ist es für jeden Hobbygärtner einfach geworden, Chicoree in den Wintermonaten selbst zu treiben.

Boden: Zur Anzucht der Wurzeln eignen sich alle tiefgründig gelockerten, humosen Gartenböden.

Düngung: Muß sparsam erfolgen, damit die Rüben im Kopfdurchmesser 4–7 cm nicht überschreiten. Zu dicke Wurzeln ergeben mehrere Köpfe. Eine Grunddüngung vor der Saat genügt mit 40 g/m² eines blauen Volldüngers. Aussaat: Ca. 15. Mai bis Anfang Juni – nicht früher wegen Schoßgefahr und nicht wesentlich später. Man sät dünn verteilt fortlaufend in Rillen von 30–40 cm, Saattiefe 2–3 cm. Nach dem Aufgang wird auf 8–12 cm Abstand vereinzelt. 1 g Samen enthält 500–700 Körner.

Pflege: Hacken und feucht halten. Im Oktober bis Anfang November werden die Wurzeln ausgegraben. Nach dem 3–4tägigen Abtrocknen – wobei wertvolle Inhaltsstoffe in die Wurzeln wandern – wird das bitter schmeckende Laub handbreit über dem Wurzelkopf entfernt, so daß der spätere Neuaustrieb nicht beschädigt wird. In einer tiefen Kiste, im Frühbeet oder im Einschlag warten die Wurzeln danach frostfrei gelagert mindestens 3 Wochen lang auf den Treibbeginn. Hierfür werden benötigt: Tiefe Eimer, Kisten oder schwarze Müllbeutel, etwas Torf oder Kompost und Wurzeln, die dicht an dicht ins Gefäß gestellt werden. Auf den Boden kommen 2–3 Hände voll Torf oder Kompost und eine Handbreit hoch Wasser. Danach wird das Gefäß lichtdicht verschlossen und bei 15–18 °C in einem Raum (Keller, Schrank) aufbewahrt. Nicht austrocknen lassen! Nach 4–5 Wochen haben sich die neuen Triebe gebildet und können abgeschnitten werden. Die Wurzeln sind danach wertlos.

Schädlinge: Erdraupen: Boden immer feucht halten.
Krankheiten: Echter Mehltau: Bekämpfung nicht sinnvoll.
Sorten: Nur noch Sorten zum Treiben »ohne Deckerde«: 'Mitado', 'Zoom', 'Bea' – alles F1-Hybriden. 'Rouge Carla' F1-Hybride bringt rot-weiße Schosse.

> Die schöne cremeweiße Farbe der Schosse bleibt nur unter völligem Lichtabschluß erhalten. Bei Lagerung sollte man die geernteten Triebe mit dunklem Papier abdecken. Rotweiße Sorten müssen vor der Ernte dem Licht ausgesetzt werden.

Vom Chicoree werden die neuen Triebe geerntet

SALATE

Endivie
(Cichorium endivia). Korbblütler

Auch die Endivie gehört zu den Zichorien, ihre blaue Blüte offenbart die Verwandtschaft zur wilden Wegwarte. Vor allem im Süden wird der herzhafte, nussige Geschmack der substanzreichen Blätter der Endivie geschätzt. Ebenso wichtig ist ihre Lagerfähigkeit bis in den Winter hinein und ihr gesundheitlicher Wert, der sich auf Ballaststoffe und den Gehalt an Intybin stützt, einem Stoff mit appetitanregender Wirkung. Eine Unterart, *Cichorium endivia* var. *crispum*, die stark gekrauste und gezähnte Endivie, erhielt unter der Bezeichnung »Frisee« erhebliche Marktbedeutung.

Alle Endivien bilden einen rosettenartigen, breit ausladenden Kopf, der sich mit nahender Erntereife immer mehr füllt, so daß sich ein Teil der Blätter selbst bleicht.

Boden: Verlangt humusreichen, tief gelockerten Gartenboden, der Wasser gut hält, aber keine totale Vernässung zuläßt. Hohe Kompostgaben sind günstig.

Aussaat: Für die Herbsternte Mitte Juni bis Anfang Juli. Frühere Aussaaten führen zu Schossern, denn die Endivie ist eine Langtagspflanze. Frühanbau ist nur möglich mit Sorten des Typs 'Bubikopf' und warmer Anzucht bei 18–20 °C, also bei Vorkultur im Gewächshaus. Direktsaat mit Verziehen ist möglich, Vorkultur mit Anzucht in Töpfchen empfehlenswert. 1 g Samen entspricht etwa 500–700 Körner, das ergibt 300 Pflanzen.

Pflanzung: 4–5 Wochen nach der Aussaat im Abstand von 35 × 35 cm. Wie beim Salat nicht zu tief pflanzen.

Düngung: Vor dem Pflanzen oder der Aussaat 60–70 g/m² eines Volldüngers einarbeiten.

Pflege: Hacken, Wässern.

Schädlinge: Wurzelläuse und Erdraupen: Boden immer feucht halten. Schnecken: Schneckenkanten einsetzen.

Krankheiten: Echter Mehltau, Grauschimmel, Rost: vorbeugend für Abstand, Licht und Luft sorgen.

Sorten: Frühanbau: 'Bubikopf Nr. 5', 'Malan'. Hauptanbau: 'Jeti', 'Diva', 'Golda', 'Bubikopf Wivita' (alle selbstbleichend, auch fürs Gewächshaus), Frisee (stark geschlitzte Blätter): 'Große grüne krause', 'Wallone', 'Elodie', 'Goldherz'.

Endivien 'Jeti', eine Sorte mit besonders großen Köpfen

> Das Bleichen kann durch Zusammenbinden oder Abdecken mit einem Teller für 7–10 Tage beschleunigt werden. Dabei müssen die Pflanzen trocken sein. Gebleichter Endivien schmeckt milder.

SALATE

Eissalat 'Sioux' fällt auf durch rote Färbung

Eissalat, Eisbergsalat

(Luctuca sativa var. *capitata).* Korbblütler

Botanisch ist der Eissalat kaum vom Kopfsalat unterschieden. Die Blattstruktur ist insgesamt etwas fester, knackiger, »mit mehr Biß«, die Außenblätter sind gewellt oder leicht gezähnt. Er ist besonders reich an Ballaststoffen. Die Entwicklungszeit bis zur Erntereife dauert etwa 14 Tage länger als beim Kopfsalat und der Platzbedarf ist etwas größer. Ein großer Vorteil: Im Sommer schießt er nicht, es sei denn, grobe Kulturfehler lägen vor. Eissalat wird im wesentlichen im Freiland angebaut. Die Treibkultur wird auf S. 56 unter Kopfsalat beschrieben.
Boden: Salat gedeiht auf jedem humosen Gartenboden, der genügend wasserhaltend und mit Nährstoffen versorgt ist. Wichtig ist aber eine tiefgründige, gute Struktur ohne Staunässe. Der Standort muß vollsonnig sein.
Aussaat: Direktsaat dünn verteilt in Reihen ist möglich zwischen Ende März und ca. 1. Juli. Später wird auf 35 cm Abstand verzogen. Üblicher ist jedoch die Jungpflanzenanzucht mit Aussaat in Schalen oder ins Frühbeet und auch in ein Freilandsaatbeet (0,5 g/m^2) zwischen Februar und Anfang Juli. 1 g Samen ergibt ca. 800–1200 Korn und rund 500 gute Pflanzen.
Bei Vorkultur kann man 4 Wochen früher beginnen als bei Direktsaat. Saattiefe: 1–2 cm. Keimtemperatur: 10–18 °C. Nach 6–8 Tagen sind die Samen gekeimt.
Saatschalen müssen dann sofort sehr hell gestellt werden und schon nach kurzer Zeit wird pikiert, d.h. sobald die Pflänzchen gut faßbar sind mit 2 Keim- und 2 normalen Blättern. Danach kühl und hell weiter kultivieren.
Pflanzung: Ca. 4 Wochen nach dem Pikieren auf Abstand 30 × 35 cm.
Düngung: Schwachzehrer. Der Nährstoffbedarf ist wegen der kurzen Kulturzeit (11–12 Wochen) gering. Der Bedarf muß jedoch immer gedeckt sein, sonst kommt es zu Stockungen im Wachstum mit mangelhafter Kopfbildung. Grunddüngung: 40 g/m^2 eines Volldüngers und 20 g Kalkammonsalpeter als Nachdüngung 4 Wochen nach der Pflanzung, insbesondere nach starken Niederschlägen.
Pflege: Hacken, selten, aber durchdringend bewässern. Die ersten Sätze lassen sich mit Abdeckung durch Schlitzfolie oder Vlies deutlich verfrühen um 3–4 Wochen.
Schädlinge: Blattläuse: mit Neudosan spritzen, Schnecken: Schneckenkanten einsetzen.
Krankheiten: Viruskrankheiten und Falscher Mehltau: resistente Sorten wählen.
Sorten: Für Gewächshaus und Folie 'Kellys', 'Globe'. Freiland: 'Timo', 'Saladin', 'Kelvin', 'Great Lakes', 'Laibacher Eis'. 'Sioux', 'Rouge Grenobloise' (beide rotlaubig).

> Beim Pikieren und Pflanzen ist es wichtig, daß die Keimblätter deutlich über dem Erdniveau bleiben. Die Pflanzen müssen »wackeln«, sonst beginnen sie bald zu faulen.

SALATE

Feldsalat, Rapunzel

(Valerianella locusta). Baldriangewächse

Es gibt wenige Gemüse, die in Mitteleuropa heimisch sind. Der Feldsalat kommt wild in Weinbergen oder auf naturbelassenen Äckern vor, wo man ihn im Spätherbst oder im Winter sammeln kann. Wegen seiner Winterhärte und seines feinen, nußartigen Geschmackes wird er inzwischen sogar von Gourmets geschätzt und ist auf dem besten Wege, sich zum ganzjährig kultivierbaren Feingemüse zu entwickeln. Im Sommer allerdings gehen die rosettenartigen Pflanzen schnell in die Blühphase über, weshalb für einen problemlosen Anbau die Herbst- und Wintermonate bevorzugt werden. Sein Gehalt an Vitamin C und an Mineralien ist beachtlich. Er gedeiht im Freien, im Frühbeet und im nicht oder schwach beheizten Gewächshaus, sogar im Balkonkasten.

Boden: Feldsalat bevorzugt lehmige, feste, wasserhaltende Böden, doch auch im Sandboden gelingt der Anbau.

Aussaat: 1 g Samen entspricht ca. 400–1000 Korn, je nach Sorte. Saatbedarf 1,5–2 g/m². Saattiefe 0,5–1 cm. Keimdauer 3–4 Wochen bei 10–20 °C. Man sät breitwürfig oder in Reihen von 10–15 cm Abstand auf abgesetzten, nicht zu lockeren oder mit dem Schaufelrücken angeklopften Boden. Den Samen sollte man nur leicht mit Erde bedecken, mit dem Harkenrücken andrücken und beständig feucht halten. Saatzeit: Für die Herbsternte 10.–30. August. Spätere Aussaat bis Mitte September ergibt erst im Spätwinter eine Ernte. Im Gewächshaus bis Ende Oktober.

Düngung: Meist genügen die im Boden noch vorhandenen Nährstoffmengen. Bei hellgrünen oder gelben Blättern 30 g/m² Volldünger oder 20 g/m² Kalkammonsalpeter geben.

Pflege: Freihalten von Vogelmiere und anderen Wildkräutern. Abdecken den Winter über mit Vlies oder Insektenschutznetz erspart das Ernten im Schnee.

Krankheiten: Falscher Mehltau. Vor allem im Gewächshaus resistente Sorten wählen.

Sorten: 'Elan', 'Vit', 'Jade' sind mehltauresistent. 'Dunkelgrüner vollherziger', 'Vert de Cambrai (= Duplex in der Schweiz)', 'Louviers' sind alle winterhart. 'Holländischer breitblättriger' verträgt wenig Frost, ertragreich, nur für den Herbst im Freien geeignet.

Feldsalat 'Elan' ist widerstandsfähig gegen Falschen Mehltau

SALATE

Kopfsalat

(Lactuca sativa var. capitata).
Korbblütler

Die Ursprünge des Kopfsalates sind nicht genau bekannt. In Indien und Zentralasien wurden Salatpflanzen schon sehr früh in Kultur genommen und mögen von dort über den Mittelmeerraum mit den Römern zu uns gelangt sein. Aber auch in Mitteleuropa gibt es wilden Salat, der unter anderem mit seiner Virusresistenz entscheidend zur Qualitätsverbesserung unserer zahlreichen heutigen Kultursorten beigetragen hat.

Der Kopfsalat zeichnet sich durch einen festen, geschlossenen Kopf aus und durch eine weiche, zarte Blattstruktur, die ihm noch immer (wenn auch schwindende) Beliebtheit verschafft. Die Sorten unterscheiden sich im Schoßverhalten, das durch die Reaktion auf die Tageslänge geprägt ist. Wintersorten formen auch bei wenig Licht noch einen Kopf. Die Frühjahrssorten (z.B. die Gruppe 'Attraktion') sind schnellwüchsig, gehen aber bei Hitze und viel Licht vorzeitig in Blüte. Die dunkelgrünen Sommersorten (z.B. 'Kagraner Sommer') verhalten sich erheblich träger und formen einen größeren, schwereren Kopf. Die Versorgung mit Salat das ganze Jahr über erfordert daher einen satzweisen Anbau mit verschiedenen Sorten, die je nach Jahreszeit in 5–7 Wochen erntefähig werden, also ca. 2 Wochen schneller als Eissalat. Ansprüche und Kulturmethoden im Freien sind genau wie unter Eissalat beschrieben (s. S. 54).

Boden: Humoser Gartenboden.
Aussaat: Manche Sorten sind schwarz-, andere weißsamig. Auf ihr Verhalten hat die Samenfarbe keinen Einfluß. Kopfsalat im Freien wird ausgesät zwischen Anfang Februar im Gewächshaus mit Vorkultur und 15.–20. Juli für die letzte Pflanzung im Herbst. Wichtig ist die Keimtemperatur: Das Optimum liegt bei 12–15 °C. Temperaturen in der Keimphase über 18 °C führen mitunter zu Keimhemmungen. Um dies zu vermeiden, wird die Aussaat grundsätzlich an heißen Sommertagen nur abends vorgenommen. Reichliches Angießen verursacht Verdunstungskälte, die sich positiv auswirkt. Außerdem kann man den Samen in angefeuchteten Sand mischen und in einem Plastikbeutel für längstens 24 Stunden in einem Kühlschrank bei +4 bis 10 °C vorkeimen. Entscheidend sind jeweils die ersten Stunden. Anschließend kann man wie gewöhnlich aussäen. Bei der Kultur im Gewächshaus ist die längere Kulturdauer in den Herbst- und Wintermonaten zu beachten, wenn der Lichteinfall so gering ist, daß kaum neues Blattwerk gebildet werden kann.
Pflanzung: Im Freiland im Abstand von 25 × 30 cm. Im Gewächshaus 25 × 25 cm. Der in Töpfchen vorkultivierte Kopfsalat wird so hoch gepflanzt, daß der Wurzelhals immer frei liegt und sich dort keine Fäulnis bilden kann. Es genügt, die Ballen nur 2–3 cm tief ins Erdreich zu setzen und anzudrücken, so daß die Wurzeln Kontakt bekommen.
Düngung: Schwachzehrer, nur Grunddüngung notwendig.
Pflege: Gewächshaussalat benötigt so viel Licht wie möglich. Die

Temperatur sollte auf keinen Fall über 10–14 °C liegen. An sonnigen Tagen ist zu lüften. Zu warme Kultur bewirkt, daß sich keine festen Köpfe bilden. Es wird nur selten, dann aber gründlich bewässert, um Fäulnis zu vermeiden. Kopfsalat läßt sich mit geeigneten Sorten auch im Frühbeet, unter Folie und Vlies verfrühen (ca. 4 Wochen Wachstumsvorsprung). Auch hier besteht die Gefahr des Faulens durch zu häufiges Gießen. Unter dem Abdeckmaterial, das sofort nach dem Pflanzen aufgelegt wird, wachsen die Salatpflanzen mit höherer Temperatur und optimaler Luftfeuchte heran. An einem trüben, nicht zu windigem Tag wird die Abdeckung bei beginnender Kopfbildung entfernt und der Salat an die Außenbedingungen gewöhnt.

Schädlinge: Schnecken: Schneckenzäune verwenden, auf 'Lollo' ausweichen. Blattläuse: mit Neudosan spritzen.

Krankheiten: Falscher Mehltau und Virus: resistente Sorten verwenden. Grauschimmel und Sklerotinia-Fäule: für Lüftung sorgen, hoch pflanzen.

Sorten: Im Freiland möglichst auf Resistenz oder Toleranz gegen Virus und Mehltau achten. Zur Überwinterung (Pflanzen bis Anfang Oktober) 'Winter Butterkopf', 'Winter Mombacher' (in der Schweiz 'Herkules'). Für Frühjahr und Herbst (Pflanzung bis Mitte Mai): 'Attraktion', 'Reskia', 'Mirena', 'Mariska', 'Benita', 'Mona', 'Charan', 'Elvira'. Für den Sommeranbau mit Pflanzung Ende Mai bis Mitte Juli: 'Savio', 'Cindy', 'Soraya', 'Corelli', 'Kagraner Sommer'. Zur Winterkultur im Gewächshaus: 'Imka', 'Muck', 'Larissa'. Kraussalat (holländisch Krulsalat), eine Kreuzung zwischen Kopfsalat und Eichblattsalat: 'Novita', 'Azura', 'Krizet'.

Pflücksalat

(Lactuca sativa var. acephala). Korbblütler

Pflücksalate haben an Beliebtheit gewonnen. Der Grund: sie erfordern sehr wenig Arbeit und liefern über eine lange Ernteperiode hinweg hohe Erträge. Man erntet sie Blatt für Blatt ab, von unten nach oben. Dabei bleibt das Herz jeweils stehen, das sich mit neuen Blättern regeneriert, so daß insgesamt 3–4 mal geerntet werden kann.

Pflücksalat kann man pflanzen oder in Reihe säen und auf 10 cm Abstand vereinzeln.

Sorten: 'Amerikanischer brauner', 'Austr. gelber', 'Grand Rapids Salli'.

Außerdem ist Pflücksalat zu einem Oberbegriff geworden für mehrere der »neuen« Salate mit ihren vielen Blattformen und -farben: 'Salad bowl' (gelber Eichblatt), 'Red Salad bowl' (roter Eichblatt), 'Lollo Rossa' (Blattbatavia, mit fein gezähnten Rändern, braunrot), 'Lollo Bionda' (das gelbgrüne Gegenstück), 'Oakleaf' (Fingersalat, mit stark gebuchteten, langen Blättern), 'Till' (Fingersalat, gelbgrün), 'Brunia' (Fingersalat, braunrot).

Sommersalate von links nach rechts: oben Roter Eichblatt, Romana, Eissalat. Mitte: Kraussalat, Roter Batavia. Unten: Pflücksalat, Lollo Rossa, Kopfsalat

Pflücksalat wird Blatt für Blatt mehrere Wochen lang geerntet

SALATE

Radicchio

(Cichorium intybus var. *foliosum).* Korbblütler

Der auffällig weinrote oder weißrot gestreifte Radicchio zählt zu den neueren Salatarten aus Italien, die unsere Küche bunter und geschmacklich intersssanter gestaltet haben. Er entwickelt einen festen, runden Kopf mit leicht bitterem, kräftigen, nussigen Geschmack. Die Erntezeit fällt in den Herbst bei dem Typ 'Palla Rossa', der in Deutschland stark verbreitet ist. Weniger gut sind die Erfahrungen mit dem Typ 'Roter von Verona', der einer Überwinterung bedarf und erst im Spätwinter, also mit dem Neuaustrieb, zur Ernte gelangt. Nur in schneereichen Gegenden sind die Pflanzen ausreichend geschützt, die nur leichte Fröste vertragen. In Italien gibt es unter der Zichorienfamilie noch weitere attraktive Salate, die dem Radicchio ähneln (zum Beispiel 'Rosso di Treviso' mit länglichen Köpfen, rot-weiß, 'Chioggia' mit runden großen Köpfen, grünweiß-rot gesprenkelt). Sie haben sich allerdings bei uns noch nicht durchgesetzt, da der Geschmack meist bitter ausfällt. Kultur wie Endivie.

Boden: Humusreicher, lockerer Boden.
Aussaat: Mitte Juni bis Anfang Juli.
Pflanzung: 4–5 Wochen nach der Aussaat mit 35 × 30 cm Abstand.
Düngung: Vor der Pflanzung oder Aussaat 60–70 g/m^2 Volldünger.
Pflege: Hacken, Wässern.
Schädlinge: Erdraupen: Boden ständig feucht halten. Kaninchen: Beete einzäunen.
Sorten: im Typ 'Palla Rossa': 'Palla Rossa Spezial', 'Burgundy', 'Roter Ballon'.

Radicchio 'Palla Rossa' bringt im Herbst rote, schmackhafte Köpfe

Römersalat, Romanasalat

(Lactuca sativa var. *longifolia).* Korbblütler

Der Römersalat ist in den Mittelmeerländern »der« Salat schlechthin. Er ist besonders schoßfest, knackig und verträgt mit seinen steil aufrecht stehenden Blättern, die sich zu einem ca. 35 cm langen, lockeren Kopf schließen, enge Pflanzung. Im Geschmack und in der Haltbarkeit ähnelt er Eissalat und Endivien. Beim Römersalat gibt es grüne und braunrot gefärbte Sorten, die sich meist selbst schließen, so daß sie nicht mehr zugebunden werden müssen.
Boden, Düngung und Pflege gleichen vollständig dem Eissalat (s. S. 54).
Boden: Humoser Gartenboden, sonnig.
Pflanzung: 25 × 30 cm Abstand oder bei Direktsaat entsprechend verziehen.
Düngung: Schwachzehrer. Grunddüngung mit 40 g/m^2 Volldünger und 4 Wochen nach der Pflanzung mit 20 g Kalkammonsalpeter.
Pflege: Hacken, selten, aber durchdringend bewässern.
Sorten: 'Valmaine', 'Parris Island Cos', 'Kasseler Strünkchen' (alle grün), 'Little Leprechaun' (braunrot).

Schnittsalat

(Lactuca sativa var. *secalina).* Korbblütler

Sein Vorteil ist die schnelle Ernte. Schon 6–7 Wochen nach der Aussaat kann die Kultur erntereif

SALATE

Winterportulak verträgt sogar Frost – ein anspruchloses Wintergemüse

sein. Dieser Salat entwickelt keinen festen Kopf, sondern nur einzelne Blätter, die wie Spinat geschnitten werden. Schnittsalat ist der ideale Lückenfüller für Mischkulturen, für die erste Salaternte im Frühjahr und für die späte Aussaat im Herbst. Auch die Samenreste aus früheren Käufen von Kopfsalat oder Pflücksalat können wie Schnittsalat aufgebraucht werden.
Boden: Jeder Gartenboden eignet sich.
Aussaat: Im frostfreien Gewächshaus ab Januar bis Ende September. Im Freiland oder Frühbeet ab März bis spätestens Anfang September, satzweise alle 10 Tage. Fortlaufend und dünn verteilt in Reihen von 25 cm Abstand und 3–6 cm in der Reihe. Saattiefe 2–3 cm.
Düngung: Ist in der Regel nicht nötig.
Pflege: Ausreichend feucht halten.
Sorten: 'Gelber runder', 'Krauser gelber', 'Hohlblättriger Butter'.

Winterportulak, Kubaspinat

(Montia perfoliata, syn. *Claytonia perfoliata)*. Portulakgewächse

Zu den Salatgemüsen rechnet man allgemein auch den Winterportulak. Die zarten Pflanzen mit eiförmigen, fleischigen Blättern entwickeln aus diesen heraus weiße Blütchen, die bald Samen ansetzen. Der Geschmack ist mild und paßt sich allen Salatrezepten an. Der Vitamin-C-Gehalt ist hoch. Die Kultur ist im wesentlichen mit dem Feldsalat vergleichbar (s. S. 55). Damit steht mit dem Winterportulak ein weiteres energiesparendes Winter- und Frühjahrsgemüse zur Verfügung, das auch ohne Heizung auskommt und im Winter an frostfreien Tagen geerntet werden kann. Die Vorkultur in Töpfchen mit anschließendem Auspflanzen ist möglich, obwohl die fortlaufende Aussaat in flache Rillen die einfachere Methode darstellt. Während des Sommers ist – wie beim Feldsalat – die Aussaat nicht empfehlenswert.

Zuckerhutsalat

(Cichorium intybus var. *foliosum)*. Korbblütler

Ursprünglich stammt auch diese Zichorienart aus Italien. Wie alle Zichoriensalate ist sie eine Langtagspflanze und schießt bei zu früher Aussaat. Zuckerhut erhielt seinen Namen von der Form des zylindrischen, hochgeschlossenen und festen Kopfes, der sich erst im Spätherbst richtig schließt und an die Form erinnert, in der ursprünglich Zucker verkauft wurde. Die Köpfe vertragen Frost bis −8 °C. Deshalb können sie in vielen Gegenden mit leichtem Schutz den ganzen Winter über aus dem Freiland geerntet werden. Im Winterlager und Kühlschrank sind sie wochenlang haltbar.
Die Kultur entspricht in allem der von Endiviensalat.
Boden: Humusreich, locker.
Aussaat: Mitte Juni bis Anfang Juli.
Pflanzung: 4–5 Wochen nach der Aussaat mit 35 × 30 cm Abstand.
Düngung: Vor der Pflanzung der Aussaat 60–70 g/m^2 Volldünger.
Pflege: Hacken, Wässern.
Schädlinge: Erdraupen: Boden immer gut feucht halten.
Sorten: 'Zuckerhut Kristallkopf', 'Jupiter F1-Hybride'.

HÜLSENFRÜCHTE

Die gelben Wachsbohnen sind für Salate beliebt

Buschbohnen

(Phaseolus vulgaris nanus).
Schmetterlingsblütler

Alle Bohnenarten, mit Ausnahme der schon den Römern bekannten Dicken- oder Saubohne, stammen aus den tropischen und subtropischen Zonen der Neuen Welt. Seit ihrer Einführung in Europa am Ende des 16. Jahrhunderts sind durch Züchtung zahlreiche Sorten entstanden, die sich teils erheblich unterscheiden. Die Buschbohnen tragen ihre Früchte an rankenlosen Pflanzen. Während früher eher die Nutzung der eiweißreichen, an Kohlenhydraten reichen trockenen Samen zum Kochen und Einlagern im Vordergrund stand, interessiert heute mehr die Qualität der fleischigen, nicht ausgereiften Hülse. Wegen des Gehaltes an Phasin, einem Eiweißstoff, der sehr gesundheitsschädlich ist, dürfen die Hülsen der Buschbohne nicht frisch verzehrt werden. Beim Kochen oder Blanchieren zersetzt sich das Phasin. Durch Einkreuzung phasinfreier Stangenbohnen wird das Problem in der Zukunft möglicherweise gelöst.

Boden: Buschbohnen gedeihen auf allen humosen Gartenböden, die gut belüftet sind und Staunässe nicht entstehen lassen. Auch sandige Böden sind gut geeignet.

Aussaat: Die wärmeliebende Bohne keimt erst bei mindestens 8 °C Bodentemperatur. Optimal sind 25 °C. Naßkalte Witterung mit Verdunstungskälte, Nässe und zu tiefe Saat sowie ein zu früher Termin sind oft verantwortlich für Mißerfolge. Sorten mit schwarzen oder braunen Körnern keimen oft besser als weiße. Die Empfehlung lautet daher: erst nach dem 15. Mai säen bis spätestens 20. Juli für Nachsaaten, die meist gute Ernten bringen. Saattiefe 2–3 cm. Man sät fortlaufend in Reihen von 50 cm Abstand, in der Reihe 6–8 cm entfernt oder in Horst-(Dibbel-)saat, d.h. 4–6 Samen in einem Häufchen im Abstand von 40–50 cm. Damit wird die Standfestigkeit der Pflanzen erhöht und auf schweren Böden der Aufgang erleichtert. Vorteilhaft ist die Vorkultur früher Sätze in Töpfen und Auspflanzen nach dem Aufgang. Dies vermeidet den Befall durch Bohnenfliege. 100 g Samen = 200–400 Körner, ausreichend für ca. 10 m^2.

Düngung: Da Bohnen zu den Schmetterlingsblütlern zählen, die Stickstoff aus der Luft sammeln können, ist insbesondere der Stickstoffbedarf gering. Wichtig ist eine gute Nährstoff- und Wasserversorgung unmittelbar vor und während der Blüte. Mangel in dieser Zeit wird mit Abstoßen der Blüten und Früchte beantwortet. Neben Kompost sind eine Grunddüngung mit 40 g/m^2 Volldünger und eine schnell wirkende Düngung mit 20 g Kalkammonsalpeter bei sichtbarem Knospenansatz angebracht. Bei organischen Düngern ist die lange

HÜLSENFRÜCHTE

Umsetzungsphase bis zur Wirksamkeit zu beachten.
Pflege: Ausreichend gießen, anhäufeln, viel hacken.
Schädlinge: Bohnenfliege, Blattläuse: Insektenschutznetz verwenden.
Krankheiten: Virus, Brennflecken, Fettflecken: resistente Sorten verwenden. Grauschimmel: Blätter trocken halten, mehr Abstand.
Sorten: Früh: 'Dufrix', 'Marona', 'Saxa'. Mittelfrüh: 'Pergousa', 'Maja', 'Delinel' (schwarzkörnig), 'Dubra', 'Brilliant', 'Maxi', 'Cropper Teepee' und 'Daisy' tragen die Hülsen über dem Laub. Feine Filet- oder Keniaböhnchen sind: 'Annabel', 'Flo', 'Masai'. Violettblaue Hülsen tragen: 'Royal Burgundy', 'Purpiat'.
Empfehlenswerte Wachsbohnen: 'Golddukat', 'Rocdor', 'Gabriella'. Trockenkochbohnen zum Auspalen: 'Facta', 'Soissons', 'French Navy', 'Red Kidney', 'Borlotto nano'. Perlbohne (Türkische Erbse), norddeutsche Spezialität für »Birnen, Bohnen und Speck«: 'Zucker Perl Perfektion'.

> Um die Gefahr des Befalls durch Bohnenfliege während der Keimung zu vermeiden, die Beete mit Insektenschutznetz oder Schlitzfolie überdecken. Bei Knospenansatz müssen beide entfernt werden. Man kann die Bohnen auch im Haus in Töpfen vorziehen (4–5 Samen pro 10 cm Topf) und nach der Keimung auspflanzen.

Puffbohnen, Dicke Bohnen

(Vicia faba var. *major)*. Schmetterlingsblütler

Bis weit in die Neuzeit hinein war diese Bohne nahezu die einzige, die man in der Alten Welt kannte. Ihre Heimat liegt im Orient. Während früher die trockenen Samen gegessen wurden, ißt man heute aber die frisch ausgepalten grünen oder cremeweißen, nach dem Kochen braunen Kerne. Sie lassen sich sehr gut einfrieren und besitzen einen hohen Eiweiß- und Nährstoffgehalt. Die Ernte beginnt im Juni und geht bei Folgeaussaaten bis in den Herbst.
Boden: Jeder humose, fruchtbare Gartenboden ist geeignet, auch schwere Marschböden. Gleichmäßige Feuchtigkeit ist wichtig.
Aussaat: Sehr früh schon, bei günstigem Wetter ab Februar bis März, kann gesät werden in Sätzen bis Anfang Juni für die letzten Ernten im Herbst. Die Jungpflanzen vertragen Fröste bis – 7 °C. Die Samen werden in Horsten abgelegt. 3–4 Korn pro Stelle im Abstand von 20×50 cm oder fortlaufend in Reihen, alle 10 cm 1–2 Körner. Staattiefe: 8–12 cm – sie ist wegen der Standfestigkeit erforderlich. 100 g = ca. 100 Samen, ausreichend für 5 m^2.
Düngung: 40–50 g/m^2 eines Volldüngers als Grunddüngung vor der Saat und 20 g Kalkammonsalpeter vor der Blüte reichen aus. Die Ernterückstände sichern der Dicken Bohne einen hohen Vorfruchtwert.
Pflege: Mehrfach anhäufeln, nicht austrocknen lassen.
Schädlinge: Schwarze Blattläuse befallen diese Bohnen in Massen, vor allem in den Triebspitzen bringen sie die Blüten zum Verkümmern. Entspitzen nach dem ersten Hülsenansatz dämmt den Befall ein. Marienkäfer und ihre Larven ansiedeln.
Sorten: 'Con Amore', 'Hangdown grün', 'Dreifachweiße'.

HÜLSENFRÜCHTE

Stangenbohnen

(Phaseolus vulgaris var. *vulgaris).*
Schmetterlingsblütler

Stangenbohnen sind anspruchsvoller als Buschbohnen. Sie bringen auf gleicher Fläche bis zu 3fachen Ertrag, erfordern aber auch mehr Aufwand durch das Aufstellen von Stangen und brauchen mehr Dünger und mehr Wärme. Aus diesem Grunde findet man sie häufiger in Süddeutschland als im Norden. Stangenbohnen sind auch eine gute Kultur fürs Gewächshaus, die sich vor allem bei Verfrühung lohnt (Aussaat Ende März bis Mai, Ernte ab Juni).

Boden: Er muß besonders tiefgründig und fruchtbar sein. Staunässe wird nicht vertragen. Humus in reichem Maße ist wichtig, da Stangenbohnen gegen Mineralsalze noch empfindlicher sind als Buschbohnen. In windigen, kalten Lagen auf Feuerbohnen ausweichen!

Aussaat: Ab Mitte Mai bis Anfang Juli. 7–8 Samen kreisförmig gelegt pro Stange, die im Abstand von 100 × 60 cm aufgestellt werden. Im Gewächshaus sind es 100 × 35 cm bei Aufleitung an Schnüren und 3–4 Korn per Horst. Saattiefe 3–4 cm. Keimtemperatur mindestens 12 °C. Optimum bei 25 °C. 100 g = 200–300 Körner ist ausreichend für ca. 8 m^2.

Düngung: Der Nährstoffbedarf ist hoch und über eine lange Erntezeit verteilt. Organische Dünger kommen hier gut zum Tragen. Grunddüngung vor der Saat: 40–50 g/m^2 Volldünger, bei Knospenansatz 20 g/m^2 Kalkammonsalpeter, nach der ersten Pflücke weitere 20 g Kalkammonsalpeter.

Pflege: Stangen werden senkrecht oder kreuzweise befestigt aufgestellt. Sie sollten 2–2,50 m lang sein. Es gibt sie aus Holz oder verzinktem Eisen. Bambusstäbe sind oft nicht stabil genug. Die Pflanzen müssen bald nach dem Aufgang gehäufelt und immer gut mit Wasser versorgt sein, vor allem zur Blütezeit. Auf Lehmboden für Bedeckung mit Mulchmaterial sorgen. Öfters hakken. Anlegen der Triebe, die entgegen dem Uhrzeigersinn ranken.

Schädlinge: Bohnenfliege und Läuse: Insektenschutznetz verwenden.

Sorten: Früh, flachhülsig: 'Mantra', 'Toplong', 'Trebona'. Mittelfrüh, rundhülsig: 'Neckarkönigin' (unverwüstliche, ertragreiche Standardsorte), 'Marga', 'Necores' (resistente 'Neckarkönigin'), 'Mombacher Speck'. Blauhülsig (wird beim Kochen grün, guter Geschmack): 'Blauhilde'. Gelbhülsig: 'Neckargold', 'Goldhilde'.

Stangenbohnen bringen auf wenig Platz viel Ertrag

HÜLSENFRÜCHTE

Erbsen

(Pisum sativum)
Schmetterlingsblütler

Diese alte Kulturpflanze ist im Mittelmeerraum und in Kleinasien zu Hause. Für den landwirtschaftlichen Bedarf gibt es Futter-(Protein-)erbsen. Im Garten unterscheiden wir 3 Arten:
Schal-, Pal- oder Brockelerbsen mit hohem Stärkegehalt, rundem Samenkorn und der Fähigkeit des trockenen Korns, zu quellen. Schalerbsen werden daher für Suppen genutzt. Sie keimen leicht, können daher schon früh gesät werden, verlieren aber schnell ihren anfänglich süßen Geschmack. Sie sind nur für die früheste Ernte zu empfehlen.
Markerbsen besitzen runzelige Körner, quellen nicht, sind daher nur für den Frischverzehr und zum Einfrieren geeignet. Sie benötigen höhere Bodenwärme zum Keimen, werden daher erst ab Mitte April gesät und schmecken längere Zeit süß.
Zuckererbsen werden jung mit den zarten Hülsen gegessen und sind dann eine Delikatesse (sog. Kaiserschoten). Kreuzungen zwischen Mark- und Zuckererbsen werden als Knackerbsen bezeichnet. Man ißt sie ganz – wie Kochgemüse in Butter geschwenkt. Alle Erbsen sind reich an Eiweiß, Vitaminen und Mineralstoffen.
Boden: Erbsen gedeihen auf allen humusreichen, lockeren und feuchten Gartenböden.
Aussaat: Schal- und Zuckererbsen Ende März bis Mitte April, Markerbsen Mitte April bis Anfang Juni. Mindestbodentemperatur ist 4,5°C, bei Schnee verfaulen die Samen leicht. Daher eher später säen, fortlaufend im Abstand von 3–5 cm in 3–4 cm tiefe Rillen. Reihenabstand 25–40 cm. 100 g Samen ergibt 300–700 Samenkörner, je nach Sorte, ausreichend für ca. 3–4 m^2.
Düngung: Der Nährstoffbedarf ist gering, mit Stickstoff versorgen sich die Pflanzen weitgehend selbst. Zum Start werden 30 g eines Volldüngers gegeben.
Pflege: Anhäufeln verbessert die Standfestigkeit. Die meisten Sorten müssen an Reisig oder Maschendraht Halt finden. Lediglich niedrige und »blattarme« Sorten stützen sich selbst.
Schädlinge: Vögel: mit Draht oder Netzen Kulturen schützen, Läuse: mit scharfem Strahl abspritzen, mit Neudosan oder Seifenlösung spritzen.

Sortenvielfalt bei Markerbsen: die feinsten sind für die Konservendose, die groben schmecken meist am besten

Krankheiten: Echter Mehltau (tritt meistens erst bei Spätsaat auf) und Fußkrankheit, Schwarzbeinigkeit: resistente Sorten wählen.
Sorten: Schalerbsen: 'Allerfrüheste Mai', 'Feltham First', 'Kleine Rheinländerin'.
Markerbsen: 'Wunder von Kelvedon' (70–80 cm), 'Salout' (60–70 cm), 'Sprinter' (80 cm), 'Lancet' (80 cm), 'Sublima' (80 cm), 'Markana' (60 cm, blattarm, selbststützend).
Zuckererbsen: 'Nofila' (ohne Fäden, 60 cm), 'Zuga' (70 cm), 'Oregon Sugar Pod' (80 cm, große Hülsen), 'Delikett' (90 cm), 'Sugar Bon' (70 cm) – beide Knackerbsen.

FRUCHTGEMÜSE

Gurken

(Cucumis sativus). Kürbisgewächse

Die Heimat der Gurke liegt in Indien, woran bereits die hohen Wärmeansprüche an Boden und Klima deutlich werden. Die Früchte gedeihen im Freiland und im Gewächshaus oder Frühbeet. Sie sind reich an Ballaststoffen, aber arm an Kalorien und Vitaminen.

Die Gurkenpflanze trägt männliche Blüten zur Bestäubung und weibliche mit Fruchtansatz getrennt auf einer Pflanze. Alte Züchtungen blühen überwiegend männlich mit entsprechend geringem Ertrag, moderne überwiegend weiblich oder jungfernfrüchtig, d.h. ohne Samenkerne und ohne die Notwendigkeit zur Befruchtung. Jede Blüte gibt dann eine Frucht, unabhängig von Bienenbesuch und Witterung. Moderne Züchtungen verfügen über zahlreiche Resistenzen zum Beispiel gegen Bitterstoffe, Gurkenkrätze, Viren, Echten Mehltau, Toleranz gegen Falschen Mehltau.

Etwas mehr Aufwand für bessere Züchtungen zahlt sich unbedingt aus.

Boden: Gurken sind anspruchsvoll. Der Boden muß sehr humus- und nährstoffreich sein, locker und gut durchlüftet, damit die langen Wurzeln in Oberflächennähe darin Fuß fassen können. Nützlich sind Dämme mit gutem Wasserablauf, in die gesät oder vorgezogene Pflanzen eingesetzt werden können.

Aussaat: Direkt ins Freie ab Mitte Mai bis Anfang Juni, jeweils 2–3 Korn pro Stelle, Abstand 30 × 150 cm. Saatbedarf 6–8 Korn/m². Temperaturen unter 10 °C können den Aufgang schädigen. Daher ist schwarze Mulchfolie unbedingt zu empfehlen, die über die Beete gezogen und mit Erde an beiden Seiten beschwert wird. Gesät oder gepflanzt wird in kreuzförmige Einschnitte. Verfrühung und bedeutende Ertragssteigerungen sind die Folge. Empfehlenswert ist die Vorkultur in Töpfchen von 6–8 cm Durchmesser mit 2–3 Korn/Topf. Aussaat unter Glas Anfang April. Beim Auspflanzen den Ballen nie

Salatgurken in Gewächshausqualität stammen aus jungfernfrüchtigen Züchtungen (oben). 'Klaro' und 'Tanja' liefern Salat- und Schmorgurken

FRUCHTGEMÜSE

beschädigen. Für die Gewächshauskultur wird immer in Töpfen vorkultiviert. Aussaat ab März bei 22–25 °C – frühere Termine nur in geheiztem Gewächshaus. Empfehlenswert ist die Veredelung der Pflanzen auf Feigenblattkürbis *(Cucurbita ficifolia)*, um die nicht bekämpfbare Gurkenwelke auszuschalten. Dabei die Pflanzen getrennt anziehen, der Kürbis wird dabei ca. 10 Tage später ausgesät. Mit einem Zungenschnitt bis zur Mitte des jeweiligen Stieles paßt man die beiden Pflanzen ineinander und verbindet die Veredelungsstelle fest mit Bleifolie, Wollfäden oder Klebeband. Nach dem Verwachsen (bei hoher Luftfeuchte) hat die neue Pflanze Wurzeln des Feigenblattkürbis und Wuchs und Früchte der Gurke.
Pflanzung: Im Gewächshaus auf Stroh- oder abgelagertem Mist oder 30–40 cm hohe Erddämme im Abstand von 50 × 100 cm. Im Freien auf 30 × 120–150 cm.
Düngung: Überwiegend organisch, Mineraldünger können Verbrennungen verursachen. 1000/m^2 Volldünger, auf 3 Gaben verteilt. Abgelagerter Stallmist, Kompost oder fertige Substrate mit hohem Humusgehalt sind günstig, auch Stroh, Torf, Rindenhumus in kompostierter Form. Gurken sind Starkzehrer!
Pflege: Windschutz durch Mais, Getreide, Sonnenblumen oder Windschutzmatten. Aufleiten an Drahtgittern bringt bessere Qualitäten und Erträge. Mulchen und Bodenbedeckung durch Stroh oder Folie. Ausreichend wässern mit angewärmtem Wasser. Gewächshausgurken werden an Schnüren aufgeleitet. Schnitt ist unbedingt erforderlich, damit die Wurzeln und Blätter die angesetzten Früchte ernähren können: bis 80 cm Höhe alle angesetzten Früchte am Stamm entfernen (sehr wichtig!) Danach wachsen lassen bis zum Erreichen des Daches. Haupttrieb jetzt kappen. Sofort entwickeln sich Seitentriebe, an denen man nur 1 Frucht und 1 Blatt beläßt.
Schädlinge: Schnecken.
Krankheiten: Gurkenkrätze, Virus, Mehltau können durch resistente Sorten weitgehend vermieden werden.
Sorten: Freiland-Salatgurken: 'Klaro', 'Tanja', 'Highmark II', 'Sprint F1', 'Burpless Tasty Green F1', 'Paska F1' (jungfernfrüchtig). Gewächshaus-Salatgurken: 'Sandra', 'Corona', 'uniflora C' und 'Bella', 'Cordoba' – alles F$_1$-Hybriden, die letzten beiden resistent auch gegen Mehltau. Topf- oder

Zur Gurkenveredelung werden beide Pflanzen mit einem Zungenschnitt vereint

Balkon-Salatgurke: 'Bush Champion'. Einlegegurken: 'Tomara-Mix', 'Accordia', 'Parmel', 'Melani' – alles F1-Hybriden mit weitgehenden Resistenzen.
Schälgurken: 'Fatum', 'Carnito', 'Dickfleischige gelbe'.

> Wenn Gurkenfrüchte gelb oder braun färben und abfallen sollten Sie prüfen: Sind die Schnittmaßnahmen nach Vorschrift durchgeführt? Reicht die Düngung aus? Reicht die Temperatur? Abhilfe: Sofort eine Blattdüngung mit Flüssigdünger durchführen. Ausgewachsene Früchte abernten. Mit angewärmtem Wasser gießen.

FRUCHTGEMÜSE

Kürbisse
Riesenkürbis, Speisekürbis

(Cucurbita maxima). Kürbisgewächs

Die heute üblichen Kürbisse stammen aus Amerika, wo sie bei den Indios bereits sehr lange in Kultur waren. Neben dem Fruchtfleisch wird auch der ölhaltige und heilkräftige Samen sehr geschätzt. Einige Arten sind auch im asiatischen Raum zu Hause, vor allem der Feigenblattkürbis *(Cucurbita ficifolia)*, der zur Gurkenveredelung benutzt wird und *Cucurbita moschata*, der Moschuskürbis. Nahe verwandt sind auch die Gartenkürbisse *(Cucurbita pepo)*, zu denen die meisten ungewöhnlichen Kürbisarten gehören, von Zucchini bis zum Spaghettikürbis. Die Kürbisarten kreuzen sich untereinander so gut wie nicht, sind aber ansonsten sehr variabel. Botanisch deutlich unterschieden sind die Flaschenkürbisse oder Kalebassen *(Lagenaria)* aus Afrika und Südamerika. Diese waren bereits zur Römerzeit weit verbreitet und sind über die Kultur der Klöster auch nach Germanien gelangt. Die Speisekürbisse entwickeln große, runde, dickfleischige Früchte, die sich einige Zeit kühl lagern lassen.
Man verzehrt sie gekocht oder gebacken, kann sie aber auch süßsauer einlegen – die Verwendung ist also sehr vielseitig.

Die Kürbisfamilie ist ungeheuer formenreich. Hier eine kleine Auswahl der Speisekürbisse

Boden: Warme, humose Böden mit sehr viel Humusgehalt und guter Wasserhaltung sind ideal. Er gedeiht in Sonne und Halbschatten, sehr gut auch auf einem Komposthaufen, dem er allerdings viele Nährstoffe entzieht.
Aussaat: Ab Mitte bis Ende Mai ins Freie im Abstand von 1 × 2 m, jeweils 2–3 Samen pro Stelle. Nach dem Aufgang wird nur die stärkste Pflanze belassen, die sich mit ihren Ranken schnell ausbreitet.
Empfehlenswert ist auch die Vorkultur Anfang April in 8–10 cm Töpfen an der Fensterbank oder im Gewächshaus mit anschließendem Pflanzen nach draußen. Jede Pflanze entwickelt 2–4 Früchte, die im Spätherbst reifen. 100 g Samen = 40–50 Körner = ca. 25 gute Pflanzen.
Düngung: Der Nährstoffbedarf ist hoch. Gedüngt wird am besten organisch.
Krankheiten: Krätze und Mehltau: meist geringe Auswirkung auf den Ertrag. Bekämpfung nicht notwendig.
Sorten: 'Riesenmelonen' (genetzte Früchte), 'Gelber Zentner', Ölkürbis 'Comet' mit hüllenlosen Samen (wird zum Rösten und für Öl gebraucht).

FRUCHTGEMÜSE

Squash, Patisson, Fliegende Untertassen
(Cucurbita pepo)

Die Früchte dieser Kürbisart sind rund mit gewelltem Rand, so daß sie wie Fliegende Untertassen aussehen. Es gibt weiße, grüne und gelbe Sorten. Die Pflanzen ranken nicht. Im jungen Zustand sind die Früchte sehr schmackhaft und zart und werden wie Kohlrabi zubereitet. Über 10 cm Durchmesser sollte man sie besser ausreifen lassen und als Zierkürbisse verwenden. Der Pflanzabstand liegt bei 1 × 1 m.
Sorten: 'Scallopini F1', 'Custard White'.

Spaghettikürbis
(Cucurbita pepo)

Aus Asien ist dieser ungewöhnliche Kürbis zu uns gelangt. An den langen Ranken entwickeln sich bis zum Spätherbst cremeweiße Früchte, die beim Aufschneiden im Zustand der Reife ein spaghetti-artig aufgefasertes Fruchtfleisch zeigen. Es schmeckt mild-würzig und kann unter Zugabe von geriebenem Käse und Ketchup nach 10 Minuten Kochen entfernt wie Spaghetti schmecken.
Die Kultur gleicht dem Kürbis.
Sorte: 'Vegetable Spaghetti'.

Melonensquash
(Cucurbita pepo)

Dieser spät reifende, durch einen hohen Karotingehalt besonders schmackhafte Kürbis hat ein orangerotes Fleisch und die Form einer Glocke. Er wächst buschig mit kurzen Ranken. Die Früchte lassen sich frisch als Gemüse verwerten oder für den Winter einlagern. Sie sind sehr lange haltbar und passen gut in Kürbiskuchen. Die Kultur gleicht der von Kürbis.
Sorten: 'Melon Squash F1-Hybr'.

> Die meisten Kürbisgewächse lassen sich sehr gut für den Winter lagern und bis in den März hinein für viele Rezepte verwenden. Dies gilt vor allem für den Speisekürbis, den Ölkürbis, Melonensquash und Spaghettikürbis. Schmackhaft ist zum Beispiel Kürbiskuchen. Alle Kürbisse sind reich an Ballaststoffen und arm an Kalorien.

FRUCHTGEMÜSE

Zucchini

(Cucurbita pepo). Kürbisgewächse

Zucchini haben erst seit 1970 einen größeren Bekanntheitsgrad erlangt, sind aber inzwischen sehr beliebt geworden. Die keulenförmigen, stark wasserhaltigen Früchte enthalten kaum Nährstoffe, aber viele Ballaststoffe. Am besten sind sie bei 20–25 cm Länge, daher sollten Zucchini reichlich gepflückt werden. Zucchini wachsen bis auf die Sorte 'Vegetable Marrow' buschig und ranken nicht. Man kann sie daher auf einen Abstand von 80 × 80 cm setzen oder sogar in großen Gefäßen unterbringen. Die Anforderungen an Kultur, Boden und Düngung sind wie beim Kürbis. Der Ertrag ist sehr hoch, so daß nur wenige Pflanzen benötigt werden.
Sorten: 'Diamant' (mittelgrün), 'Ambassador' (schwarzgrün) und 'Gold Rush' (goldgelb) sind alle F1-Hybriden. Es gibt auch weiße und gestreifte Zucchini.

Zucchini 'Gold Rush F1-Hybride' mit gelben Früchten. Gemüse kann auch attraktiv und farbig sein

Melonen

(Zuckermelonen, *Cucumis melo* und Wassermelonen, *Citrullus lanatus* var. *caffer*). Kürbisgewächse

Die süßen Melonen sind eher ein Obst, das auch immer frisch genossen wird. Dennoch werden sie wie Gemüse kultiviert und sind in ihren hohen Ansprüchen den Gurken gleichzusetzen. Wie diese stammen sie aus den tropischen Gebieten Afrikas und vor allem Asiens. Unter den zahlreichen Sorten der Zuckermelone lassen sich die äußerlich braungelben, mit netzartigen korkigen Auswüchsen überzogenen Netzmelonen und die weiß-grünen, innen orange gefärbten Cantaloupen auch bei uns im Freiland auf Mulchfolie, im Frühbeet am Boden rankend oder im Gewächshaus an Schnüren aufgeleitet kultivieren. Im Haus gelingt auch die äußerlich weiße, innen grünweiß gefärbte 'Galia'-Melone aus Israel. Die gelbe spanische Honigmelone dagegen, die gern auf den Märkten gekauft wird, schafft es bei uns nicht.
Ein Versuch lohnt auch mit den kopfgroßen, kugeligen Wassermelonen, deren Wärmeansprüche sehr hoch sind. Ihr Geschmack ist deutlich von dem der Zuckermelone unterschieden. Im saftigen, roten Fruchtfleisch sind zahlreiche schwarze Samen eingebettet. Für wärmere Gegenden gibt es bereits samenlose Sorten, auch gelbfleischige, so daß zu erwarten steht, daß es auch für unser Klima bald Züchtungen gibt. Melonen müssen unbedingt in Töpfchen vorgezogen werden

und die bestmöglichen Bedingungen erhalten, vor allem warme, humusreiche Böden und hohe Bodentemperaturen in den Monaten Juni bis August. Schwarze Mulchfolie hat sich daher sehr bewährt. Es lohnt sich, im Gewächshaus die Bestäubung in den späten Morgenstunden mit dem Pinsel durchzuführen. Alle anderen Kulturansprüche gleichen denen der Gurke.

> Die schweren Früchte reifen besser aus, wenn sie in Netzen befestigt oder bei Kultur am Boden auf Tontöpfe gelegt werden. Die Cantaloupen lassen am süß-aromatischen Duft erkennen, daß sie reif sind. Erst dann werden sie geerntet. Bei Wassermelonen erkennt man die Reife, indem man mit der flachen Hand darauf schlägt. Bei dumpfem Ton: ernten.

Kürbisse – enge Verwandte der Melonen (links).
Auberginen oder Eierfrüchte besitzen violette, attraktive Blüten (rechts)

Sorten: Zuckermelonen: 'Sperlings Honigtopf F1', 'Resistant Joy F1', 'Galia', 'Ha'on'. Wassermelonen: 'Sugar Baby', 'Sperlings Sweetie F1', 'Sugar Belle F1'.

Aubergine, Eierfrucht

(Solanum melongena). Nachtschattengewächs

Ihre Heimat ist das tropische Asien, von wo sie durch die Araber in den Mittelmeerraum und von dort zu uns gelangte. Die Früchte der heutigen Kultursorten sind schwarz-violett oder gestreift weiß-violett, keulenförmig oder birnenförmig mit glatter, glänzender Schale. Eßbare Zierformen, als Eierbaum bekannt, tragen hühner- oder gänseeigroße weiße oder gelbe Früchte, die den Vorbildern zum Verwechseln ähnlich sehen.
Die Pflanzen werden 60–100 cm hoch und können entweder buschig mehrtriebig auf Beeten, in Gefäßen, auf schwarzer Mulchfolie im Freien an geschützten, warmen Stellen oder im Gewächshaus gezogen werden. Hier ist es üblich, nur 1–2 Triebe an Schnüren aufzuleiten und alle Seitentriebe auszubrechen. Die Ansprüche an Wärme, Boden und Nährstoffe sind hoch. Sie gleichen, auch in der Kultur, der Tomate (s. S. 71).

> Auberginen sind mit ihren weichen, großen Blättern, den hübschen violetten Blüten, gelben Staubgefäßen und den lackglänzenden Früchten ausgesprochen repräsentativ und passen gut an sonniger Stelle als Kübelpflanzen auf die Terrasse.

FRUCHTGEMÜSE

Paprika

(Capsicum annuum). Nachtschattengewächs

Die verschiedenen Formen des Paprika stammen aus dem tropischen und subtropischen Amerika. Sie unterscheiden sich sowohl äußerlich in der Form als auch und im Geschmack. Gewürzpaprika ist in der Regel länglich oder speerförmig, mit aufrecht stehenden oder hängenden Früchten, die sich nach der Grünreife leuchtend rot färben und sehr scharf schmecken (Chili-Pfeffer, Cayenne).

Gemüsepaprika ist dickwandiger, mit runden oder blockigen und kegelförmigen Früchten. Der Geschmack kann durch Einkreuzung scharf sein, ist aber in der Regel mild und in der Endreife, wenn sich die Frucht von grün über gelb oder grün-meliert zu leichtendem Rot verfärbt hat, sogar süß und so angenehm wie ein Apfel. Sein Vitamingehalt ist sehr hoch, besonders Vitamin C und Provitamin A sind enthalten.

Boden: Paprika benötigt sehr gut mit Nährstoffen versorgte humusreiche Böden. Reichlich Kompost und Mist sowie eine geschützte, warme Lage im Freien oder im Frühbeet oder im Gewächshaus sind Voraussetzungen für gutes Gedeihen.

Aussaat: Vorkultur unter Glas ist unbedingt nötig. Die Aussaat erfolgt Anfang bis Ende März bei hoher Temperatur (22–24 °C). Temperaturen unter 20 °C führen zu mangelhaftem Aufgang, wobei sich die Sorten unterschiedlich verhalten können. 1 g ergibt ca. 150 Körner und etwa 100 gute Pflanzen. Der Samen wird in Schalen gesät und nur wenig oder gar nicht bedeckt. Keimdauer 10–14 Tage. Schon bald wird in 7–8 cm Töpfe pikiert und hell weiter kultiviert bei 16–18 °C.

Pflanzung: Ende Mai bis Anfang Juni ins Freiland im Abstand 50 × 50 cm. Oder ab Ende April ins Gewächshaus, wo er an der Sonnenseite steht in Mischkultur mit Tomaten oder Gurken.

Düngung: Organische Düngung, ein ständig reichliches Nahrungsangebot sowie eine Wasserversorgung ohne Extreme sind wichtig, damit die Blüten und Früchte nicht abgestoßen werden. Vor dem Pflanzen werden ca. 40 g/m^2 eines Volldüngers gegeben und Anfang Juni nochmals eine Gabe von 20 g/m^2 Kalkammonsalpeter.

Pflege: Wässern, nie austrocknen lassen, an Stäben oder an Schnüren hochleiten.

Schädlinge, Krankheiten: Grauschimmel (Botrytis), Läuse.

Grüner Paprika ist unreif. Die Früchte reifen gelb, orange oder leuchtendrot ab

Wenn die erste heranreifende Frucht ausgebrochen wird, entwickeln sich um so mehr aus den Seitensprossen.

FRUCHTGEMÜSE

Sorten: Grün, später Rot: 'Merit' (auch fürs Freiland, 'Bell Boy', 'California Wonder', 'Szegediner', 'Neusiedler Ideal'. Gelbe Früchte: 'Golden Bell F1', 'Giallo di Asti', 'Pußta Gold'. Es gibt auch Sorten mit schwarzen, violetten, weißen und gestreiften Früchten.

Tomaten

(Lycopersicum lycopersicum). Nachtschattengewächse

Die Tomate stammt aus Südamerika, von wo sie durch die Spanier nach Europa gelangte. Bei uns war sie lange Zeit eine botanische Spezialität, die man sogar für giftig hielt. In Italien und Frankreich entdeckte man ihre Werte eher; nach dem 1. Weltkrieg fand sie auch in Deutschland eine weite Verbreitung. Es gibt rote, gelbe und auch weiße und gestreifte Sorten. Stark im Kommen ist die Kultur von Liebhaber-Sorten im Topf. Ihre Ansprüche an Wärme, Licht, Nährstoffe und Humus sind hoch. Sie benötigt einen geschützten, vollsonnigen Platz vor einer Hauswand, im Frühbeet oder Gewächshaus. Frost wird nicht vertragen.

Boden: Da die Wurzeln sehr tief reichen, ist ein gut gelockerter, wasserhaltender, lehmig-humoser Boden ideal. Kalte, nasse Böden bedürfen der Verbesserung.

Aussaat: Fürs Freiland erst Mitte bis Ende März. Zu frühe Aussaat ergibt vergeilte, überständige Pflanzen. Beim Auspflanzen soll die Pflanze gedrungen sein und 1 Blütentraube zeigen. Dünn verteilt in Töpfe oder Schalen säen, den Samen nur schwach bedecken. Keimdauer 1 Woche bei 20–22 °C. Etwa 10 Tage danach in 10–11 cm Töpfe mit humusreicher Erde pikieren. Hell und warm bei 18–20 °C weiterkultivieren und kurz vor dem Auspflanzen nach und nach an Freilandtemperaturen gewöhnen. 1 g Samen entspricht 250–400 Korn und ergibt je nach Sorte etwa 200 gute Pflanzen.

Pflanzung: Nach den Eisheiligen (ca. 15.–25. Mai) oder im Gewächshaus ab Ende Februar im Abstand von 80–100 × 50 cm. Eine tiefe Pflanzung bis zu den ersten Blättern bewirkt, daß sich bald weitere Wurzeln bilden, die zur Ernährung und Wasserversorgung beitragen.

Düngung: Der Nährstoffbedarf ist groß, vor allem zu Beginn des Fruchtansatzes im Juli und August. Humus in jeder Menge und Form, auch als abgelagerter Mist, ist günstig. Grunddüngung vor dem Pflanzen: 30–40 g/m^2

Eiertomaten bringen zahllose Früchte (rechts)

FRUCHTGEMÜSE

Volldünger. Ab Ende Juni bis Anfang September wöchentlich 1mal dem Gießwasser Flüssigdünger nach Herstelleranweisung beifügen, oder mit organischem oder mineralischem Dünger Ende Juni Kopfdüngung durchführen (30–40 g/m^2), nochmals Ende Juli mit der gleichen Menge.

Pflege: Aufrecht wachsende Sorten erhalten schon bald einen festen Pfahl von 120–150 cm Höhe aus Holz oder Welldraht, an dem die Pflanzen mit Bast oder Kordel angebunden werden oder im Gewächshaus Schnüre zum Aufleiten. Wichtig ist das Ausbrechen der Seitentriebe, weil allzu üppiges Wachstum den Ertrag und die Ausreifung der Früchte mindern. Versuche ergaben, daß die eintriebige Kultur die besten Erträge und am wenigsten verkrüppelte Früchte bringt, sogar bei den kleinfrüchtigen Kirschtomaten. Nur Busch- und Ampeltomaten werden so belassen wie sie sind. Die unteren 4–5 Blätter entfernt man im Juni oder Juli, um das Überspringen der Erreger der Braunfleckenkrankheit *(Phytophthora)* zu verhindern, die mit Wasserspritzern auf die Pflanzen gelangen. Um dieser Krankheit vorzubeugen, bekommt den Tomaten ein Überbauen mit einem Foliengerüst oder mit hochgelegten Frühbeetfenstern sehr gut. Zu den Seiten bleibt alles offen, um den Wind heranzulassen. Tomatenhauben aus Vlies oder geschlitzte Folie fördern nach dem Pflanzen das Wachstum erheblich. Im Sommer nimmt man sie jedoch besser ab und stülpt sie erst ab Ende August als Schutz gegen Nässe über. Vorteilhaft ist auch das Verwenden von schwarzer Mulchfolie, um die Ernte zu verfrühen. Eine Tomatenpflanze bringt im Freiland im allgemeinen höchstens 5 Fruchtstände zur Ausreife, im Gewächshaus 7. Alle nachfolgenden Fruchtstände werden daher besser entfernt, um die ersten optimal zu ernähren. Vor dem ersten Nachtfrost kann man alle gesunden Früchte noch grün abernten und in Kisten trocken und warm lagern (15–18 °C sind optimal). Selbst im Dunkeln reifen sie noch aus. Kirschtomaten erreichen dabei sogar noch ein gutes Aroma, so daß bis in die Weihnachtszeit frische Tomaten zur Verfügung stehen. Hoffnungslos ist es dagegen, kranke Früchte einzulagern. Sie faulen von innen her weiter.

Schädlinge: Weiße Fliege, Blattläuse, Rote Spinne.

Krankheiten: Braunfäule *(Phytophthora)*. Nematoden, Viren, Samtfleckenkrankheit im Gewächshaus werden am besten durch resistente Sorten vorbeugend bekämpft.

Sorten: Runde Stabtomaten: 'Meran', 'Harzfeuer', 'Matina', 'Planet' (alles F1-Hybriden), 'Hellfrucht', 'Haubners Vollendung'. Fleischtomaten: 'Luxor', 'Beefmaster', 'Master', 'Creon', 'Lucy

FRUCHTGEMÜSE

(alles F1-Hybriden).
<u>Gelbe Sorten:</u> 'Goldene Königin', 'Yellow Pearshaped' (birnförmig, sog. Perettitomate).
<u>Busch- und Balkontomaten:</u> 'Hoffmanns Rentita', 'Patio F1', 'Totem F1', 'Balkonstar'.
<u>Kirsch-, Cocktail- oder Obsttomaten:</u> 'Benarys Gartenfreude', 'Sweet 100', 'Sweet Cherry', 'Evita' (alles F1-Hybriden, hoch wachsend). 'Tiny Tim', 'Minibel', 'Phyra' (alle rotfrüchtig, für Töpfe und Balkon, niedrig bleibend). 'Mirabell' (gelbfrüchtig).
<u>Ampeltomaten:</u> 'Tumbler F1', 'Pendulina'.
<u>Eifrüchtige Tomaten</u> (Eiertomaten): 'San Marzano', 'Roma'.

Die Kirschtomate 'Phyra' bringt gute Erträge

Fleischtomaten sind ideal zum Grillen und für Salate

> Hohe Luftfeuchtigkeit und hohe Temperatur verhindern oft, daß sich die Blüten bestäuben und Früchte ansetzen. Es lohnt sich, die Pflanzen während der Mittagszeit zu schütteln und damit den Pollen auf die Narbe fallen zu lassen. Für Gewächshäuser gibt es Hummeln, die die Bestäubung vollziehen.

WURZEL- UND KNOLLENGEMÜSE

Knollenfenchel, Gemüsefenchel

(Foeniculum vulgare var. azoricum). Doldenblütler

Fenchel ist im Mittelmeerraum heimisch, kommt aber auch in anderen Erdteilen vor, zum Beispiel in Nordamerika. Aus der Wildpflanze hat sich der Körner- oder Samenfenchel entwickelt, dessen Heilkräfte und beruhigende Wirkung weithin bekannt sind. Ätherische Öle, Mineralstoffe und Vitamine A und C sowie viele Ballaststoffe sind auch im Gemüsefenchel zu finden, der eine fleischige, stark verdickte Knolle besitzt.

Als Langtagspflanze ist auch der Anbau von Fenchel durch das Erscheinen der Blüten gefährdet und auf den Herbst als Haupterntezeit beschränkt. Eine Ganzjahresversorgung, auch aus dem Gewächshaus, ist mit neuen, schoßfesten Sorten möglich.

Boden: Knollenfenchel liebt humosen, gut drainierenden Boden mit hohem Nährstoffgehalt. Kompost und verrotteter Mist werden gut vertragen.

Aussaat: Die lange Pfahlwurzel des Fenchels mit sehr wenig Seitenwurzeln weist darauf hin, daß sich Gemüsefenchel schlecht verpflanzen läßt. Es wird daher entweder in Schalen gesät und 3 Wochen nach dem Aufgang in Töpfchen von 5–6 cm Durchmesser pikiert oder direkt ins Freie fortlaufend in Rillen von 2–3 cm Tiefe gesät. Saatzeit ist im Freien April bis Mitte Juli, im Gewächshaus Januar bis Ende Juli mit schoßfesten Sorten. Nach dem Aufgang, nach ca. 3–4 Wochen, vereinzelt man auf $25-30 \times 40$ cm Abstand. 1 g Samen entspricht 250–300 Körner und ergibt ca. 120 gute Pflanzen. 3–4 g reichen für 10 m².

Düngung: Vor dem Säen oder Pflanzen gibt man 60–70 g/m² Volldünger und bei Beginn des Verdickens der Knollen nochmals 20 g/m² des schnell wirkenden Kalkammonsalpeters.

Pflege: Gleichmäßige Wasserversorgung ist notwendig, ebenfalls regelmäßiges Hacken, um ein Verschlämmen des Bodens zu verhindern. Dabei werden die Pflanzen angehäufelt.

Schädlinge: Blattläuse und Möhrenfliege: Insektenschutznetz verwenden. Erdraupen: Boden immer sehr feucht halten. Schnecken: Schneckenkanten und Bierfallen einsetzen.

Sorten: 'Zefa-Fino', 'Argo' und 'Sperlings Cantino' sind schoßfest. 'Zefa Tardo', 'Perfektion' sind nur für die Spätsaat Anfang bis Mitte Juli geeignet.

Möhren, Karotten

(Daucus carota ssp. sativus). Doldenblütler

Wilde Möhren gibt es fast auf der ganzen Welt. Unsere Kulturformen entstanden bereits lange vor den Kulturen der Griechen und Römer in Kleinasien. Sie wurden vor allem in Frankreich und seit etwa 40–50 Jahren in Deutschland, Holland und USA erheblich verbessert, vor allem in der inneren Qualität. Die Färbung, der Carotin-(Provitamin A)-Gehalt, die Platzfestigkeit, der Geschmack und auch die Widerstandsfähigkeit gegen die Alternaria-Blattfleckenkrankheit und gegen die Möhrenfliegen sind heute erheblich besser.

Knollenfenchel ist als gesundes Salatgemüse beliebt

WURZEL- UND KNOLLENGEMÜSE

Boden: Möhren bevorzugen sandige, leichte und besonders durchlässige Böden, die tief gelockert und steinfrei sein sollten. Der Wasserbedarf wird erst im Juni bis September groß. PH-Wert: 5,5–6,5.

Aussaat: Zwischen milden Tagen im Februar als frühester Termin und Anfang Juli für Spätsaaten, um kurz vor dem Winter aus schnellen Sorten noch frische Rüben zu erhalten. Die Hauptsäperiode liegt zwischen Ende März bis Anfang April für frühe Sorten und Mitte April bis Anfang Mai für Züchtungen zum Einlagern. Gesät wird dünn verteilt in flache Reihen mit 25–25 cm Abstand und 2–3 cm Tiefe. 1 g Samen entspricht 1000–1200 Samen und ist ausreichend für etwa 3 m^2 oder 10 m Saatreihe. Ein Saatabstand von 1,5–2 cm ist ideal. Alle Möhren außer den Babymöhren und den runden Pariser Karotten müssen in der Regel auf 3–4 cm Abstand verzogen werden. Pillierter Samen und Saatbänder sparen diese Arbeit.

Düngung: Der Nährstoffbedarf ist mittel und wird erst im Sommer wirksam. Grunddüngung: 30–40 g/m^2 Volldüngung, 2malige Kopfdüngung mit jeweils 20–25 g/m^2 Kalkammonsalpeter. Auf reichliche Kaliversorgung ist zu achten. Stallmist sollte vermieden werden, weil sich danach die Möhrenfliegen einfinden. Kompost ist willkommen.

Pflege: Hacken und im Sommer und Herbst ausreichend gießen, um Trockenheit und damit Platzen zu vermeiden. Verfrühen ist möglich durch Abdecken der Beete mit Vlies, Schlitzfolie oder Insektenschutznetz.

Schädlinge: Möhrenfliege und Blattläuse: Insektenschutznetz verwenden. Nematoden (Wurzelgallenälchen): Boden mit Tagetes oder 'Gartendoktor' entseuchen.

Krankheiten: Alternaria-Blattflecken und Mehltau: möglichst unempfindliche Sorten wählen ('Nantaise Decora' und 'Napoli F1').

Sorten: Früh, Enwicklungsdauer 10–13 Wochen: Runde Form haben 'Pariser Markt', 'Kundulus' (sog. Pariser Karotten), lange Form haben: 'Suko' (sog. feine, kurze Babymöhre), 'Mokum F1' (beide schmecken sehr gut).
Mittelfrühe Sorten, Entwicklungsdauer 15–20 Wochen: 'Nantaise' mit zahlreichen Selektionen z.B. 'Frühbund', 'Tip Top', 'Stamm Hilmar', 'Decora', 'Parano F1', 'Marktgärtner', 'Rotin', 'Nanco F1'; 'Ingot F1', 'Sytan', 'Napoli F1' (die letzten 3 mit Toleranz gegen Möhrenfliege und gutem Geschmack).
Späte Sorten zum Saften, Einlagern, Ernte im Herbst mit langen, großen Rüben, Entwicklungsdauer 22–28 Wochen: 'Lange rote stumpfe ohne Herz' (= 'Berlikumer') mit zahlreichen Selektionen wie 'Zino', 'Luwal', 'Rote Riesen' (= 'Flakkeer'), 'Karotan', 'Cubic', 'Juwarot', 'Rothild'.

Möhren enthalten viel Provitamin A (**Carotin**)

Unter einem Insektenschutznetz bleiben die Möhren madenfrei

> Vorgekeimter Samen bringt eine Verfrühung um ca. 2 Wochen. In einen Plastikbeutel den Samen geben und in feuchtem Sand 3 Tage bei Raumtemperatur ankeimen. Danach wird sofort gesät.

WURZEL- UND KNOLLENGEMÜSE

Pastinaken

(Pastinaca sativa). Doldenblütler

Sie zählen zu den »alten« Gemüsen, die früher eine weit größere Bedeutung hatten und inzwischen von der Möhre verdrängt wurden. Dieses in Deutschland heimische Gemüse entwickelt große, zuckerrübenähnliche weiße Wurzeln und 70–80 cm hohe, sellerieähnliche Blätter. Die Wurzeln sind weitgehend frostbeständig, so daß sie den Winter im Freien überstehen und ab Herbst bis zum Frühjahr geerntet werden können. Der Geschmack ist süßlich-aromatisch, sellerieähnlich.
Boden: Sandig, humos, wie bei Möhren.
Aussaat: Der große, plattrunde Samen wird schon früh in die Erde gebracht, März bis Anfang Mai, fortlaufend dünn in Reihen von 40–50 cm Abstand gesät und nach dem zögernden Aufgang auf ca. 10–15 cm Abstand vereinzelt. 1 g Samen enthält etwa 200 Samen und ist ausreichend für 1–2 m^2 oder 5–6 m Saatreihe. Frisches Saatgut verwenden!
Pflege: Hacken, vereinzeln, ausreichend gießen.
Schädlinge: Gesund, bis auf Möhrenfliegenbefall: Insektenschutznetz verwenden oder vorbeugend an windiger Stelle kultivieren.
Sorten: 'Halblange weiße', 'White Gem'.

Petersilie

(Petroselinum crispum) und

Wurzelpetersilie

(Petroselinum crispum ssp. *tuberosum).* Doldenblütler

Im Mittelmeerraum heimisch, hat sich die Petersilie heute über alle Kulturen verbreitet und zählt zu den beliebtesten und gesündesten Würzpflanzen. Besonders hoch liegt ihr Gehalt an Vitamin C sowie an Mineralien. Blattpetersilie hat je nach Sorte stark gekrauste oder glatte, sellerieähnliche Blätter, die entweder frisch oder getrocknet zum Würzen verwendet werden. Glatte Sorten sind würziger als gekrauste. Aus der langen Pfahlwurzel haben sich auch Formen mit langer, dicker Wurzel entwickelt. Die Wurzelpetersilie wird hauptsächlich als Suppenkraut für Eintöpfe verwendet, seltener als Gemüse gekocht. Das Blatt ist dabei ebenfalls nutzbar. Die Pflanzen schießen nach Überwinterung, können aber bis Mai genutzt werden.
Boden: Die lange Wurzel weist bereits darauf hin, daß die Petersilie tiefgründig bearbeiteten, wasserdurchlässigen Boden benötigt und sich auf sand besonders wohl fühlt. Bei Staunässe faulen die Wurzeln und die Blätter werden durch Pilzbefall gelb (sog. Petersilienkrankheit). Der Boden sollte daher im Herbst gegraben werden und durchfrieren können.

Glattblättrige Petersilie

Pastinaken oder Hammelmöhren vertragen sogar Frost

WURZEL- UND KNOLLENGEMÜSE

Aussaat: März bis August dünn verteilt in flache Rillen mit 2 cm Saattiefe und 15–20 cm Abstand. Für die Gewächshauskultur auch zu 8–10 Samen in Töpfchen von 8–10 cm Durchmesser. Für die Treiberei im Winter besser im August bis September Pflanzen ausgraben und bis Winterbeginn in 12–14 cm Töpfen durchwurzeln lassen. 1 g Samen enthält 750–900 Korn und ist ausreichend für 1 m² oder 5 m Saatreihe. Keimdauer 3–5 Wochen.
Düngung: Schwachzehrer. Der Nährstoffbedarf ist gering, sollte aber stetig fließen. Grunddüngung: 30–40 g/m² Volldünger. Im Juni nochmals 20 g Kalkammonsalpeter oder Flüssigdüngung übers Blatt. Bei frischem Kompost erübrigt sich die Grunddüngung. Kein Stallmist.
Pflege: Hacken, immer ausreichend feucht halten.
Schädlinge: Möhrenfliege und Blattläuse: Insektenschutznetz anwenden.

Krankheiten: Alternaria und Septoria-Blattflecken: stauende Nässe vermeiden durch weiten Stand und durchlässigen Boden.
Sorten: Blatt- oder Schnittpetersilie: 'Einfache glatte', 'Hamburger Schnitt', 'Gigante d'Italia' (Italienische Riesen) (alle glattblättrig und wenig krankheitsanfällig). Gekrauste Sorten: 'Mooskrause' mit zahlreichen Selektionen: 'Smaragd', 'Clivi', 'Grüne Perle', 'Verta'. Wurzelpetersilie: 'Halblange glatte', 'Lange glatte' ('Bardowicker', engl. 'Hamburg rooted parsley').

> Um das Gelbwerden der Petersilie zu vermeiden, hat sich die Aussaat im August (10.–25.) bewährt. Dann erfolgt die Keimung schneller und bei weniger günstigen Bedingungen für Pilzkrankheiten. Außerdem hat man bei diesem Termin noch Petersilie im Herbst und nochmals ein ganzes Jahr hindurch bis nach dem nächsten Winter.

Radieschen

(Raphanus sativus var. *sativus).* Kreuzblütler

Radieschen zählen zu den Gemüsen, die man auf der ganzen Welt kennt. Kein Wunder, denn sie sind schmackhaft, einfach anzubauen, gedeihen im Freiland als Lückenfüller und sind in der lichtarmen Jahreszeit innerhalb von 7–8 Wochen, im Sommer dagegen schon nach 4 Wochen fertig. Ihr pikanter Geschmack rührt von Senfölen her, die keimhemmend und daher besonders gesund sind. Ganz besonder lecker und gesund sind auch Keimlinge aus Radieschensamen. Nach ca. 5–6 Tagen kann man die in speziellen Gefäßen gezogenen Keimlinge für Salate oder in Suppen verwenden.
Boden: Radieschen gedeihen auf allen humosen, lockeren Gartenböden, die gut mit Kompost versorgt sind.
Sie benötigen jedoch volles Licht und genügend Standraum, auch

Mooskrause Sorte 'Clivi'

WURZEL- UND KNOLLENGEMÜSE

im Gewächshaus, sonst bleiben die Knollen klein und schießen noch vor der Ernte in Saat.
Aussaat: Im Freien zwischen Anfang bis Mitte März und Mitte September, wobei auf die angepaßten Sorten zu achten ist. Man sät sehr dünn verteilt in Rillen von 15–20 cm Abstand und verzieht nach dem Aufgang, falls der Stand zu eng ist, auf 8–10 cm Abstand. Die Saat muß sehr flach erfolgen (1 cm!), sonst formen sich die Knollen nicht rund, sondern keilig aus, denn die Knollenbildung erfolgt aus dem Hypokotyl, dem Teilstück zwischen Wurzel und Keimblatt. Im Gewächshaus ist besonders der Winteranbau von Interesse mit speziellen Sorten für den kurzen Tag. Für frühe Radies zu Weihnachten wird Mitte Oktober gesät. Spätere Saaten brauchen wegen des minimalen Lichts im Winter länger, wobei gleichzeitig die Temperatur nicht höher sein sollte als 12 °C tagsüber und 8 °C nachts. Pflanzenabstand: 8 × 10 cm. 1 g Samen enthält 100–150 Korn und reicht für 0,25 m^2 oder 4–5 m Saatreihe.
Düngung: Im Garten reicht eine frische Kompostgabe oft aus. Bei dichter Kulturfolge 30 g/m^2 Volldünger.
Pflege: Gleichmäßig und ausreichend Feuchtigkeit geben. Verfrühen durch Auflegen von Schlitzfolie oder Vlies.
Schädlinge: Erdflöhe, Schnecken, Blattläuse, Kohlfliege.
Sorten: <u>Gewächshaus:</u> 'Boy', 'Fanal', 'Karissima', 'Cyros F1', 'French Breakfast'.
<u>Frühe Sorten fürs Freiland:</u> 'Knakker', 'Cyros F1', 'Juwasprint', 'Rota', 'Eiszapfen', 'French Breakfast' (walzenförmig, rot mit weißer Spitze).
<u>Sommersorten:</u> 'Carnita', 'Prinz Rotin', 'Cherry Belle', 'Campion', 'Raxe', 'Sora'.

> Radieschen gedeihen den Winter über am hellen Fenster auch im Blumentopf. Am besten ist eine Multitopfplatte, die man mit Erde füllt und in die Töpfchen je 2 Samen legt, wovon das schwächste später wieder verzogen wird.

Rettich

(Rhaphanus sativus var. *niger).* Kreuzblütler

Die schwarzen, runden Winterrettiche sind wegen ihrer Heilkraft gegen Erkältungskrankheiten und bei Leber- und Gallenleiden gefragt. Es gibt Sorten mit weißer, schwarzer, brauner, blauer und rosa Haut. In letzter Zeit kamen aus Fernost die langen japanischen Riesenrettiche zu uns, die jedoch im Geschmack eher süßlich-mild sind und in ihrer Heimat selten als Rohkost, häufig dagegen gedünstet und sauer eingelegt oder getrocknet gegessen werden. Ihr Vorteil: sie sind weitgehend unempfindlich gegen die Rettichschwärze, eine Krankheit, die bei zu dichtem Anbau auftritt und kaum bekämpfbar ist.
Boden: Jeder humose, tiefgründig gelockerte Gartenboden in sonniger Lage ist geeignet. Rettich gedeiht im Freien, im Frühbeet und im Gewächshaus.
Aussaat: Rettich wird im Freien in Folgesätzen alle 2–3 Wochen gesät von März bis Anfang August, im Gewächshaus von Januar bis März und von Mitte

Schnellwüchsige Radieschen passen in jede Fruchtfolge

WURZEL- UND KNOLLENGEMÜSE

August bis Mitte September. Saatabstand 5–6 cm in der Reihe, Reihenabstand 25 cm, bei Riesenrettichen 30 cm. Nach dem Aufgang wird auf 20 cm verzogen. Saattiefe: 2–3 cm. 1 g Samen entspricht 100–150 Korn und reicht für 4–6 m Saatreihe. Rettich wird für früheste Ernten im Gewächshaus auch gepflanzt aus vorgezogenen Sämlingen der Sorte 'Rex', wobei die Samen breitwürfig in Schalen ausgesät und nach etwa 2 Wochen in mit einem Pflanzholz vorbereitete, tiefe Löcher bis zum Keimblatt versenkt und vorsichtig angedrückt werden. Pflanzabstand: 20 × 25 cm.
Düngung: Rettiche gehören zu den Mittelzehrern. Vor der Aussaat werden 30–40 g/m^2 Volldünger ausgebracht. 4–5 Wochen nach dem Aufgang 20 g/m^2 Kalkammonsalpeter. Reichliche Kompostgaben sind angebracht.
Pflege: Boden lockern, reichlich gießen, sonst werden die Rettiche pelzig, Saatreihen verziehen. Winterrettiche nach der Ernte kühl und frostfrei in Sand einlagern.
Schädlinge: Erdflöhe: Saatbeet immer feucht halten. Kohl- und Rettichfliege: Schutzkragen und Insektenschutznetz einsetzen.
Krankheiten: Rettichschwärze: konsequenter Fruchtwechsel!
Sorten: Für Gewächshaus und Frühbeet oder Tunnel: 'Rex', 'Nekkarruhm weiß', 'Roter Neckarruhm', 'Aspro'. Für Freiland mit scharfem Geschmack: 'Neckarruhm weiß', 'Halblanger weißer Sommer', 'Wiela', 'Aspro', 'Münchner Bier' (zum Einlagern), 'Ostergruß rosa', 'Belrosa' (rot), 'Mainkrone' (braun), 'Hilds blauer Herbst und Winter' (violett), 'Runder schwarzer Winter', 'Langer schwarzer Winter' (beide zum Einlagern).

Rettiche gibt es nicht nur in weißen Sorten, sondern auch in Rot, Braun, Schwarz und Blau

Milde, weiße Riesenrettiche aus Japan: 'April Cross F1' (schoßfest bei Aussaaten ab April), 'Spring Cross F1' (Aussaat ab Mai), 'Minowase Summer Cross F1' (Aussaaten ab Juni bis Mitte August).

Rettiche, speziell der Lagersorte 'Runder schwarzer Winter', ergeben eine gute Hustenmedizin. Hierfür den Rettich halbieren und aushöhlen, nach unten ein Loch bohren, durch das der Saft abtropfen kann. Mit 2 Eßlöffeln Zucker füllen und zudecken. Das Ganze auf ein Glas setzen. Vom Saft täglich 2 Eßlöffel verzehren.

WURZEL- UND KNOLLENGEMÜSE

Schwarzwurzeln

(Scorzonera hispanica). Korbblütler

Ihre Heimat ist Südeuropa. Von dort gelangte sie nach Deutschland und Belgien, wo man sie heute noch besonders schätzt wegen ihres guten Geschmacks und der wertvollen diätetischen Eigenschaften. Die bis zu 30 cm langen, daumendicken Wurzeln werden im Spätherbst geerntet und in Sand kühl eingelagert oder aus dem Freien bei milder Witterung geerntet. Im Gegensatz zur sehr nahe verwandten kälteempfindlichen weißen Haferwurzel *(Tragopogon porrifolius)* ist die Schwarzwurzel nämlich winterhart und bildet im 2. Jahr hübsche gelbe Blüten. Beim Schälen entwickeln die Wurzeln einen weißen Milchsaft. Sie werden gekocht gegessen nach Spargelrezepten oder mit einer weißen Soße zu Fleisch.

Boden: Er soll sehr tiefgründig gelockert und humos sein, also sandig, moorig oder auch leicht lehmig, aber nicht steinig. Auch halbschattige Lage wird vertragen.

Aussaat: Sobald der Boden nach dem Winter saatfähig abgetrocknet ist, Mitte März bis April dünn verteilt in Reihen von 25–30 cm Abstand, Saattiefe 2–3 cm. Die Keimung ist oft verzögert über 3–4 Wochen hinweg. 1 g des langen, stäbchenförmigen Samens entspricht 60–70 Korn und reicht für 2–3 m Saatreihe. Der Samen darf nicht zerbrechen.

Düngung: Mittelzehrer. Grunddüngung mit 40 g/m² Volldünger und 2 weiteren Gaben von je 20 g/m² Kalkammonsalpeter. Reichliche Kompostgaben sind angebracht, jedoch kein frischer Stallmist, weil sonst die Pfahlwurzeln leicht krumm werden.

Pflege: Hacken, nicht austrocknen lassen. Nach dem Aufgang auf 4–7 cm Abstand vereinzelt. 40–50 Pflanzen pro m² sind ideal. Bei der Ernte vorsichtig mit einer Grabgabel herausheben, da die Wurzeln leicht brechen.

Schädlinge: Wühlmäuse.
Krankheiten: Echter Mehltau. Bekämpfung meist nicht nötig.

Sellerie, Knollensellerie

(Apium graveolens var. rapaceum). Doldenblütler

Sellerie ist eine uralte Kulturpflanze aus Europa, die ursprünglich wegen ihrer heilenden, entwässernden Wirkung medizinisch gebraucht wurde und sich erst spät zum Gemüse entwickelte. Sie ist im Brackwasser und Sumpf der Küstenländer zu Hause, was ihre Vorliebe für Mineralien wie Kalium und Natrium erklärt. Die festen, weißen Knollen werden im Spätherbst geerntet und kühl eingelagert. Neben dem

Die delikaten Schwarzwurzeln wachsen auch im Halbschatten

WURZEL- UND KNOLLENGEMÜSE

Knollensellerie sind der gelbe Bleichsellerie und der grüne Staudensellerie bekannt. Sie werden in der Kultur gleich gehalten, entwickeln aber keine Knollen. Schnittsellerie wird nur wegen des Laubes benutzt und zwar direkt im April bis Anfang Mai ins freie Land gesät in Reihen von 40–50 cm Abstand. Die Ernte dieses Würzkrautes erfolgt schon im August bis September.

Boden: Alle Sellerie-Arten lieben fruchtbare, wasserhaltende, gut mit Humus versorgte und mit Stallmist oder Kompost gedüngte Böden. Auf trockenen, mageren Sandböden gelingt die Kultur kaum. Sellerie hinterläßt den Boden gut durchwurzelt und mit vielen Ernteresten, die ihm anschließend eine gute Struktur verleihen.

Aussaat: Direktsaat nicht möglich. Eine Vorkultur ist immer erforderlich im Gewächshaus mit warmer Aufzucht bei mindestens 16 °C, damit nach den Frösten gut entwickelte Jungpflanzen zur Verfügung stehen. Eventuell gut abgehärtete, an die Außentemperatur gewöhnte Jungpflanzen erstehen, um der Gefahr der Blütenbildung vorzubeugen, die bei zu kühler Aufzucht im Frühbeet besteht. Die Aussaat des sehr feinen Samens erfolgt Mitte bis Ende März in Saatschalen bei etwa 18 °C. Schon kurz darauf wird pikiert in Töpfchen von 6–8 cm Durchmesser. 1 g Samen ergibt 2500–3000 Korn und etwa 1500 gute Pflanzen.

Pflanzung: Erst nach dem Frost bis Anfang Juni im Abstand von 40 × 40 cm. Nicht zu tief pflanzen, damit sich schöne runde Knollen bilden.

Düngung: Der Nährstoffbedarf ist hoch, fällt jedoch überwiegend erst im August bis Oktober ins Gewicht. Grunddüngung mit 60–70 g/m^2 Volldünger (Kalium in Chloridform, also z.B. Nitrophoska rot, auf gute Spurenelementversorgung achten, besonders bei hohen pH-Werten auf Bor).

4 Wochen nach dem Pflanzen, also Ende Juni 20 g/m^2 Kalkammonsalpeter und Anfang bis Mitte August nochmals 20 g/m^2 Kalkammonsalpeter.

Pflege: Hacken, vor allem im Herbst nie austrocknen lassen. Seltener, aber dafür sehr gründlich gießen.

Schädlinge: Möhrenfliege und Läuse: Neudosan spritzen, Insektenschutznetz verwenden.

Krankheiten: Blattfleckenkrankheit *(Septoria):* resistente Sorten verwenden.

Sorten: Weitgehend resistent gegen die Septoria-Krankheit sind 'Dolvi', 'Bergers weiße Kugel', 'Regent', 'Tropa' und 'Mars'. Für den Erwerbsanbau sind wegen des weißen, festen Fleisches interessant: 'Monarch', 'Ibis'.

Grüner Stangensellerie, Knollensellerie, Gelber Bleichsellerie

WURZEL- UND KNOLLENGEMÜSE

Kohlrüben, Steckrübe

(Brassica napus var. napobrassica). Kreuzblütler

Kohlrüben hatten früher als Volksnahrungsmittel eine erheblich größere Bedeutung als heute. Wegen des speziellen, guten Geschmacks findet sie wieder etwas mehr Interesse. Die anspruchslose Kohlrübe, die überwiegend als Nachfrucht angebaut wird, wird im Herbst geerntet und kühl bis weit in den Winter hinein gelagert.
Boden: Jeder Gartenboden ist geeignet, vor allem, wenn er tiefgründig gelockert wurde.
Aussaat: Anfang Juni auf ein Freilandsaatbeet, breitwürfig. 1 g Samen ergibt 350–400 Korn und etwa 150 gute Pflanzen. Vor dem Pflanzen mit Insektizid gegen die Kohlfliege gießen.
Pflanzung: Anfang bis Mitte Juli im Abstand 40 × 40 cm oder 40 × 50 cm.

Düngung: Nährstoffbedarf gering. Bei reichlichen Kompostgaben kann auf Mineraldüngung verzichtet werden, sonst 30–40 g/m^2 Volldünger.
Schädlinge: Kohlfliege, Kohlweißlingsraupen: Insektenschutznetz verwenden.
Krankheiten: Kohlhernie: Boden kalken, Fruchtwechsel. Echter Mehltau: Bekämpfung meist unnötig.
Sorten: Grünköpfig mit gelbem Fleisch: 'Seefelder', 'Wilhelmsburger', 'Östgöta'. Rotköpfig mit gelbem Fleisch: 'Mella', 'Marian' (kohlhernieresistent).

Rote Rüben, Rote Bete

(Beta vulgaris var. conditiva). Gänsefußgewächse

Die Rote Rübe hat sich aus dem in Europa wild vorkommenden Seemangold entwickelt. Schon vor 2000 Jahren war sie in einer Küstensiedlung in Nordholland bekannt. Vermutlich hat man damals nur die Blätter verwendet. Vor allem ihrer Heilkraft und blutbildenden Wirkung und dem Gehalt an Mineralien hat sie es zu verdanken, daß sie als Gemüse und in Saftform viel verwendet wird. Besonders gut schmecken die jungen, zarten Baby-Beets, die im Sommer mit einem Durchmesser von 4–5 cm geerntet und süß-sauer angerichtet werden. Rote Bete werden nicht geschält, weil sie sonst ausbluten, sondern

Kohlrüben, Steckrüben oder Wruken sind eine bodenständige Delikatesse

ganz 20–30 Minuten lang gekocht. Danach läßt sich die Haut leicht abziehen. Neben den Roten Beten gibt es auch weiße Sorten und gelbe ('Golden Beet') sowie schmackhafte, für Rohkost geeignete weiß-rot geringte Züchtungen ('Chioggia'). Bei uns sind die Ringe verpönt – die Züchter versuchen, eine möglichst einheitliche, tiefrote Farbe zu erzielen. Die Ernte erfolgt im Spätsommer und Herbst. Im Kühllager und in Erdmieten kann man die Rüben bis ins späte Frühjahr frischhalten.
Boden: Jeder feuchte, gut mit Humus versorgte Gartenboden ist geeignet. Die Rote Bete kommt auch mit halbschattigen und schattigen Gartenplätzen aus.
Aussaat: Nicht vor Ende April bis Mai, da Schoßgefahr besteht. Man sät die Samenknäuel mit je 4–5 Samen dünn verteilt in Reihen von 25–30 cm Abstand und in 2–3 cm Saattiefe. Unbedingt mit dem Rechenrücken gut andrükken. Nach dem Aufgang falls nötig vereinzeln auf 6–8 cm. Es gibt zunehmend auch Monogermsorten, die nur 1 Samen enthalten, so daß präzisere Aussaat möglich ist. 1 g Samen ergibt 50–80 Knäuel und reicht für 0,5 m^2 oder 2 m Saatreihe.

Zylinderförmige und runde Sorten von Roten Rüben

Qualitäten. Im Hochsommer kann der Geschmack zu kräftig ausfallen. Bei 3–5 cm Dicke ernten. Nach dem Aufgang wird auf 10–12 cm Abstand vereinzelt. 1 g Samen enthält 250–300 Korn und reicht für 2 m^2 oder 8–10 m Saatreihe.
Düngung: Der Nährstoffbedarf ist wegen der Kürze der Kultur gering. 20 g/m^2 Volldünger oder reiche Kompostgaben genügen.
Schädlinge: Kohlfliege: Insektenschutznetz verwenden. Erdflöhe: Boden feucht halten.
Krankheiten: Kohlhernie: unbedingt auf Fruchtwechsel achten, pH-Wert durch Kalken erhöhen.
Sorten: 'Schneeball', 'Holländische weiße', 'Runde weiße rotköpfige' ('Mailänder'). 'Tokyo Cross F1' schmeckt besonders gut. 'Goldball', 'Pietrowski' (= Teltower Rübchen).

Pflege: Hacken, im Herbst reichlich gießen.
Düngung: Der Nährstoffbedarf ist mittelgroß. Frischer Stallmist wird nicht vertragen, Kompost dagegen gut. Hoch ist der Kalibedarf. Mit Stickstoff ist Vorsicht geboten, damit im Erntegut nur noch wenig Nitrat enthalten ist. Grunddüngung: 30–40 g/m^2 Volldünger und 20 g/m^2 Kalkammonsalpeter, wenn die Knollen sich verdicken. Auf Kalk- und Lehmböden tritt leicht Bormangel auf (schwarze, eingesunkene Flecke). Dann mit roten, borhaltigen Volldüngern arbeiten, nicht kalken.
Schädlinge: Blattläuse: Neudosan spritzen. Erdraupen: Boden feucht halten.
Sorten: Runde Knollen: 'Rote Kugel' mit verschiedenen Selektionen der Züchter, z.B. 'Probat', 'Bluta', 'Monotop'. Lange, walzenförmige Rüben: 'Forono', 'Halanga', 'Loma'.

Mairüben, Speiserüben

(Brassica rapa var. *rapa).*
Kreuzblütler

Mairüben sind eine verfeinerte Gartenform der landwirtschaftlich als Viehfutter und Gründüngung genutzten Herbstrübe.
Wie Kohlrabi, also sehr süß, frisch und angenehm schmecken die weißen japanischen Sorten, die im Freiland und Gewächshaus gleich gut gedeihen.
Eine Variante der Mairübe ist das Teltower Rübchen, eine kleine, weiße, kegelförmige Rübe.
Boden: Alle Speiserüben sind mit jedem Gartenboden zufrieden, der genügend Humus enthält.
Aussaat: Man sät ähnlich wie Radieschen in Folgesätzen ab Mitte März bis Anfang August, wo immer sich eine Lücke bietet, dünn verteilt in flache Rillen mit 2 cm Saattiefe und 20–25 cm Reihenabstand. Frühjahrs- und Herbstanbau bringt die zartesten

Stielmus

Eine Besonderheit aus dem Rheinland ist das Stielmus. Dabei handelt es sich um Mairüben der Sorte 'Holländische Weiße' (Maistielmus) oder 'Runde weiße rotköpfige' (Herbststielmus), bei denen nicht die Rüben, sondern nur die zarten Blattstiele als geschätztes Feingemüse verzehrt werden. Der Anbau erfolgt in Folgesätzen in schwach beheizten Gewächshäusern oder im Frühbeet, wobei der Samen breitwürfig oder in Reihen von 15–20 cm bei Saattiefe 1–2 cm ausgebracht wird. Man sät dicht mit 2,5–3 g/m^2 Samen. Nach 5–7 Wochen kann geerntet werden. Düngung ist meist nicht nötig.

ZWIEBELGEMÜSE

Porree, Lauch

(Allium ampeloprasum var. *porrum).* Liliengewächs

Die Ursprünge des Porrees sind vermutlich im Mittelmeergebiet zu finden. Schon römische Kochbücher weisen Rezepte mit diesem heilkräftigen Gemüse aus, das neben den Ballaststoffen einen hohen Gehalt an Vitaminen und Mineralien besitzt. Wie die Zwiebel und der Knoblauch ist auch beim Porree der Gehalt an Allylsenföl hoch, wodurch die antibiotische und blutdrucksenkende Wirkung bedingt ist. Daneben besitzt Porree einen feinen, angenehmen Geschmack. Neben der Lauchzwiebel zählt vor allem Porree zu den wertvollen »neuen« Gemüsen, die in der Vollwert- und Salatküche mit neuen Kombinationen entdeckt werden.

Die Pflanzen entwickeln neben ihrem langen Schaft auch eine Vielzahl von Wurzeln, die den Boden lockern und mit vielen Blättern zusammen als Ernterückstände untergearbeitet und umgesetzt werden. Porree besitzt einen hohen Wert als Vorfrucht.

Boden: Porree verlangt einen durchlässigen, sehr humosen Boden mit hoher Fruchtbarkeit. Er muß wasserhaltend sein oder es muß viel gegossen werden, damit der Anbau gelingt. Gründüngung und Kompost sowie Stallmist, wenn vorhanden, verbessern den Standort erheblich, der tiefgründig, möglichst steinfrei sein soll. Porree braucht eine gute Versorgung mit Kalk und einen hohen pH-Wert um 6,5–7.

Aussaat: Obwohl der Erwerbsanbau immer mehr die direkte Saat bevorzugt, vor allem mit pilliertem Saatgut, ist es im Garten zu schade, den Platz vom Frühjahr bis zum Winter zu belegen. Die Aussaat erfolgt daher in einem Saatbeet, im Frühbeetkasten oder in Schalen bzw. die Pflanzen werden vom Gärtner zugekauft. Frühe Sorten kann man schon im Januar bis Februar unter Glas säen bei Anzuchttemperaturen um 20 °C und Anfang April

Lange Schäfte erreicht man durch Anhäufeln und eine gute Sorte

auspflanzen. Der allgemeine Sätermin liegt jedoch Mitte März bis Anfang April, wobei die frühen Sorten Anfang September erntereif sind und die frostbeständigen Wintersorten bis ins Frühjahr hinein auf dem Beet verbleiben können. Es kommt also stark auf die Sorte an, die der gewünschten Erntezeit entsprechen soll. Gesät wird möglichst gut verteilt breitwürfig, so daß sich ein Pikieren erübrigt. 1 g Samen ergibt 300–400 Korn und ca. 200 gute Pflanzen. Die Aussaaterde muß gut mit Kalk versorgt sein, sonst gibt es Wachstumsstörungen.

Pflanzung: Reihenweite 50–60 cm, in der Reihe 10–20 cm. Abdeckung mit Insektenschutznetz oder Vlies fördert das Anwachsen.

Düngung: Grunddüngung: 40 g/m^2 Volldünger, 5–6 Wochen später nochmals eine Gabe von 20–30 g Kalkammonsalpeter sichern den Zuwachs. Organische Dünger sollten rechtzeitig zur Pflanzung gegeben werden, damit sie sich umsetzen können.

Pflege: Flach hacken, anhäufeln für längere Schäfte. Für die Winterernte kann man mit Vlies abdecken oder einen Einschlag vorbereiten an einer geschützten schattigen Stelle hinter einer Mauer. Die Porreestangen werden dicht an dicht in Erde eingestellt und gut angetreten und bewässert. Vlies oder Schlitzfolie machen dann den Zugang auch bei Schnee leicht möglich.

Schädlinge: Zwiebelfliege, Lauchmotte: Insektenschutznetz verwenden. Mehrfach spritzen mit Neudosan.

Krankheiten: Gelbstreifenvirus,

ZWIEBELGEMÜSE

Alternaria-Blattflecken: Sorte wechseln.
Sorten: Frühporree für den Anbau im Gewächshaus, Frühbeet und im Freien im zeitigen Herbst: 'Tropita', 'Bavaria', 'Hilari', 'Albana'. Herbstporree mit bedingter Winterhärte: 'Ducal', 'Elefant'. Winterporree: 'Genita', 'Blaugrüner Winter Alaska', 'Blaugrüner Winter Natan', 'Siegfried'.

> Lochpflanzung ergibt sehr lange Schäfte: Hierfür werden mit einem Werkzeugstiel im Beet 20 cm tiefe Löcher bereitet und die Pflanze hineingesetzt. Durch das Angießen erhält sie Bodenkontakt und wächst weiter. Später wird nochmals Erde angehäufelt. Das Ergebnis sind Schäfte von 40–50 cm Länge.

Knoblauch

(Allium sativum). Liliengewächs

Knoblauch gehört zu den ältesten Kulturpflanzen. Seine heilende Wirkung war bereits den Ägyptern bekannt und wird heute noch geschätzt. Er senkt den Blutdruck und beugt der Arterienverkalkung vor. Er wird als Würze an Salaten, Gemüsen und

Schnittknoblauch wird gesät. Er ähnelt dem Schnittlauch

Echter Knoblauch gedeiht nur aus Zehen. Man pflanzt im Herbst

Fisch verwendet. Sein Duft wehrt Gemüsefliegen ab im Mischkulturanbau.

Knoblauch hat die gleichen Bedürfnisse wie Porree, dem die Pflanze sehr gleicht. Allerdings gibt es von Knoblauch keinen Samen. Er wird über die Zehen weitervermehrt, die man am besten gleich im Herbst frisch ersteht und dann an einem sonnigen Standort auspflanzt im Abstand von 20 × 30 cm. Die Neutriebe sind weitgehend winterhart, nur ein leichter Schutz mit Reisig ist nicht verkehrt. Die Ernte erfolgt dann im Spätsommer des folgenden Jahres.

ZWIEBELGEMÜSE

Zwiebel

(Allium cepa var. *cepa)*. Liliengewächs

Die Zwiebel gehört zu den ältesten Gemüsearten, deren Vorkommen schon vor 3000 Jahren bekannt war. Aus Asien gelangte sie in den Mittelmeerraum und von dort zu den Germanen. Es ist vor allem ihr würziger Geschmack, die typischen ätherischen Öle und der gesundheitliche Wert, die sie unentbehrlich machen. Dabei kommt nicht nur der lagerfähigen, ausgereiften Zwiebel eine Bedeutung zu, sondern immer mehr auch dem gesunden, frischen, würzigen Laub.

Es gibt gelbe, weiße, rote Sorten, die aus Samen oder Steckzwiebeln herangezogen werden. Steckzwiebeln entstehen aus einer im Vorjahr durchgeführten Kurzkultur mit dichter Aussaat, wobei die anschließend sehr warm getrockneten (35–40 °C) und damit präparierten Zwiebeln bereits ca. 0,5–1,5 cm Durchmesser erreicht haben (größere neigen zu Schossern!) und nach dem Auspflanzen schneller zur vollen Größe auswachsen. Der eigene Anbau von Steckzwiebeln ist kaum möglich.

Boden: Zwiebeln gedeihen auf jedem guten Gartenboden, der tiefgründig gelockert ist in voller Sonne. Staunässe läßt sie verfaulen, ebenso frischer Stallmist. Sellerie und Kartoffeln sind eine gute Vorfrucht.

Aussaat: Im März bis Anfang April, so früh wie möglich dünn verteilt in flache Rillen mit 1–2 cm Saattiefe. Reihenabstand: 25–30 cm. 1 g Samen ergibt 200–300 Korn und reicht für 1 m^2 oder 4 m Saatreihe. Um diese Zeit werden auch die Steckzwiebeln eingesetzt, voll in den Boden drücken, damit sie gut mit Erde bedeckt sind. Für Überwinterungszwiebeln wird Anfang August gesät. Dies ist nur mit bestimmten, frostbeständigen Sorten möglich, die im Frühjahr schnell heranwachsen, zunächst zarte Lauchzwiebeln mit frischem Laub liefern und später zur vollen Zwiebel ausreifen. Auch die weißen, milden Salatzwiebeln gedeihen so, können aber auch noch im Gewächshaus als schnelle Kultur im Herbst fertig werden (20–25 cm Reihenabstand, auf 3–4 cm vereinzeln). Gemüsezwiebeln wie etwa die Riesenzwiebel 'The Kelsae' werden mit Aussaat Ende Februar bis Anfang April unter Glas in Töpfchen ausgesät, vorgezogen und Mitte Mai ausgepflanzt. Direktaussaat kann zu Schossern führen. Lauchzwiebeln werden wie Speisezwiebeln gesät und später 2–3mal angehäufelt. Sie reifen erst im Herbst. Als Lauchzwiebeln werden jedoch auch die unreifen, normalen Speisezwiebeln verwendet, die in diesem Zustand noch viel Laub tragen und mild schmecken.

Düngung: Die Zwiebel verlangt sehr viel Kali und wenig Stickstoff, der ihre Lagerfähigkeit beeinträchtigt. Organische Dünger entsprechen vielfach diesen Anforderungen, ebenso Kompost. Fehlt es daran, erfolgt die Grunddüngung mit 30–40 g/m^2 Volldünger. 6 Wochen nach der Saat oder Pflanzung wird mit 20 g/m^2 Kalkammonsalpeter nachgedüngt. Dies wird in den meisten Fällen reichen. Nach Anfang August nicht mehr düngen, denn

Lauchzwiebeln sind mild im Geschmack und wachsen schnell

ZWIEBELGEMÜSE

Schalotten sind wegen ihres angenehmen Geschmacks geschätzt

dann legt sich bald das Laub um, die Zwiebeln beginnen mit der Abreife. Verzögert sie sich zum Beispiel durch Nässe, wird Ende August nachgeholfen und das Laub mit der Hand umgeknickt.
Pflege: Mehrfach hacken, bis Juli immer gut feucht halten.
Schädlinge: Zwiebelfliege: Mischkultur mit Möhren, Insektenschutznetz verwenden.
Krankheiten: Falscher Mehltau und Botrytis-Grauschimmel: Für Luft und Licht sorgen, wenig Stickstoff düngen.
Sorten: Hauptanbau: 'Zittauer gelbe', 'Stuttgarter Riesen' (die Sorte für Steckzwiebeln), 'Rijnsburger', 'Juwarund', 'Golden Bear F1'. 'Braunschweiger rote', 'Piroska' (rot), 'Birnenförmige' (schmecken mild).
<u>Gemüsezwiebeln:</u> 'The Kelsae', 'Exhibition', 'Ailsa Craig'. Überwinterung: 'Senshyu Yellow Globe', 'Express Yellow', 'White Lisbon' (milde Salatzwiebel), 'Weiße Frühlingszwiebel'.
<u>Lauchzwiebeln</u> *(Allium fistulosum):* 'Kaigaro', 'Ishikura Long white', 'Evergreen Bunching', 'Southport White Globe', Winterhecke-Zwiebel (mehrjährig). 'Sperlings Toga' und 'Red Beard' (rot).
<u>Silberzwiebeln</u> werden im März bis April mit $10–20\,g/m^2$, also sehr dicht, gesät und bringen bis zum Juli 1–2 cm dicke, kleine, sehr milde weiße Perlzwiebelchen hervor, die sich zum Einmachen eignen: 'Barletta', 'Pompei'.

Etagenzwiebel, Ägyptische Zwiebel
(Allium cepa)

Diese besondere, voll winterharte Zwiebel wird kaum gehandelt, weil sie sich nicht über Samen vermehrt, sondern nur über die in 60–70 cm Höhe erscheinenden Bulbillen, also kleine Tochterzwiebeln, die bald abfallen und am Boden neue Wurzeln schlagen. Sie werden wie Schalotten wegen ihres intensiven Geschmackes gern zum Gurkeneinlegen und zum Würzen verwendet. Das Laub dieser Zwiebel steht immer zur Verfügung.
Der Name geht auf einen französischen General namens Rocquambole zurück, der diese Zwiebeln beim Feldzug Napoleons in Ägypten entdeckt hatte und mit nach Europa gebracht haben soll. Wer sie beim Nachbarn entdeckt, sollte sich unbedingt einige Zwiebelchen erbitten und wird hinfort immer mit Zwiebeln versorgt sein.

Schalotten
(Allium cepa var. aggregatum)

Die Schollotte wird überwiegend vegetativ über die Zwiebelzehen vermehrt wie der Knoblauch. Samen wird im März ausgesät und ergibt innerhalb von 4–5 Monaten voll lagerfähige Schalottenzwiebeln. Der Wert dieser kleinen Zwiebeln liegt in ihrem würzigen, feinen Geschmack, der sie besonders für Soßen und Salate geeignet macht und in der frühen Ernte, die eine Angebotslücke deckt. Es gibt gelbe und rote Sorten, die von März bis Mai im Abstand von 25×25 cm gepflanzt werden und bis zum Sommer jeweils etwa 10–15 haltbare Zwiebeln ergeben.

BESONDERE GEMÜSEARTEN

Artischocken

(Cynara scolymus). Korbblütler

Dieses schöne Distelgewächs aus dem Mittelmeerraum gedeiht mit etwas Sorgfalt bei der Überwinterung auch bei uns als Staude, die 3–4 Jahre lang an ihrem Platz aushält und dann durch Teilung oder über Samen erneuert wird. Die bis zu 150 cm hohe Pflanze mit wuchtigen, gebuchteten Blättern entwickelt mehrere Blütenstände, die ab August dicke, fleischige Knospen tragen. Sie sind bei Feinschmeckern begehrt.

Artischockenknospen gelten als Feingemüse. Blühend sind sie haltbare Schnitt- und Rabattenblumen (links). Cardy schmeckt gebleicht noch besser. Den Blättern wird mit schwarzer Folie das Licht entzogen

Wird der Erntetermin verpaßt, öffnen sich die Knospen zu einer stahlblauen großen Blüte von erheblicher Schönheit. Die Artischocke enthält gesundheitsfördernde Stoffe und wird auch in Kräuterschnäpsen verwendet (z.B. in Cynar).
Boden: gut durchlässige, sandiglehmige Böden sind ideal. Staunässe wird nicht vertragen.

BESONDERE GEMÜSEARTEN

Die Überwinterung an einem geschützten Platz ist unter einer dicken Laubschicht möglich.
Aussaat: Im Februar bis März unter Glas in Schalen oder Töpfen. Keimtemperatur 20–22 °C. 1 g Samen enthält 15–20 Korn. Einmal in Töpfe von 8–10 cm Durchmesser pikieren.
Pflanzung: Nach den Eisheiligen im Abstand von 80 × 100 cm.
Düngung: Vor allem organisch. Stallmist, Stroh oder Kompost. Zusätzlich 40 g/m² Volldünger im Juni oder vor der Pflanzung.
Schädlinge: Läuse bei der Anzucht.
Sorten: 'Große von Laon', 'Green Globe', 'Violette'.

Cardy

(Cynara cardunculus). Korbblütler

In Frankreich ist diese Edeldistel unter Feinschmeckern ebenfalls sehr begehrt. Gegessen werden nicht die Knospen, sondern die dicken, fleischigen Blattstiele der eleganten Blätter. Von ihrer Schale befreit und geschmort, sind sie von einem angenehmen, feinen Aroma. Die bis zu 160 cm hohe, ausladende Pflanze mit silbrig glänzenden Blättern ist erst im 2. Jahr nach der Überwinterung mit blauen Distelblüten besetzt. Cardy schmeckt besonders gut, wenn die Stiele im Oktober oder November gebleicht wurden. Hierfür werden die Blätter für etwa 14 Tage zusammengebunden und in schwarze, lichtundurchlässige Folie oder in Wellpappe gehüllt, so daß nur noch der Schopf herausschaut. In den Ansprüchen und in der Kultur gleicht Cardy der Artischocke.

Grün- und Bleich-Spargel

(Asparagus officinalis). Liliengewächs

Ägypter, Griechen und Römer kannten den Spargel als Heilpflanze, die entwässernd und entschlackend wirkt. Später kam die Nutzung als Delikateßgemüse hinzu, wobei immer die beiden Methoden (nicht Gemüsearten!) Grün- und Bleichspargel nebeneinander bestehen. Um 1800 wurde das Bleichen des Spargels in Holland erfunden und hat sich seitdem bei uns durchgesetzt. Bleichspargel ist im Geschmack verändert und zarter. Grünspargel schmeckt herzhafter und besitzt viel Vitamin C. Für beide Anbaumethoden gibt es besonders geeignete Sorten. Man kann sie jedoch leicht beide zugleich praktizieren, indem man das Beet nicht anhäufelt, sondern nur den Teil, der gebleicht werden soll, mit schwarzer Folie auf einem niedrigen Drahtgerüst überbaut. Die eine Seite der Folie wird dabei in Erde eingegraben, die andere nur mit Brettern am Boden gehalten, so daß man sie leicht aufnehmen kann. Unter der Folie schiebt sich der Spargel gebleicht in die Höhe. Es ist leicht

BESONDERE GEMÜSEARTEN

Grünspargel ist leichter zu kultivieren und schmeckt aromatischer

möglich, die Ernte mehrerer Tage zusammenkommend zu schneiden, wo sie mit Sicherheit noch nicht holzig sind. Außerhalb der Folie wird dann der Spargel grün abgeerntet.

Die Anlage einer Spargelpflanzung erfordert viel Aufmerksamkeit, soll sie doch die nächsten 15–20 Jahre Ertrag bringen. Die Sortenfrage ist wichtig, denn die zur Zeit beste Züchtung ist gerade gut genug. Der Erwerbsanbau greift mit sehr gutem Erfolg zu modernen F1-Hybriden, die überwiegend männliche Pflanzen enthalten, die fruchtbarer sind und früher Ertrag bringen als weibliche Pflanzen.

Boden: Sandiger, warmer, steinfreier, humoser Boden in sonniger geschützter Lage ist ideal für Bleichspargel. Grünspargel verträgt auch etwas lehmigere und nicht ganz steinfreie Böden.

Aussaat: Selbstanzucht der Pflanzen ist möglich. 1 g Samen enthält etwa 50 Korn und ergibt rund 30 kräftige Pflanzen. Breitwürfig säen in eine Schale oder auf ein Freilandsaatbeet im März bis April. Samen vorquellen 1–2 Tage. Keimtemperatur 18–22 °C. Ca. 6 Wochen nach dem Aufgang in ein Frühbeet pikieren im Abstand von 6 × 6 cm. 2–3mal flüssig düngen nach Herstellervorschrift, so daß die Pflanzen nie Not leiden. Im nächsten Frühjahr sind sie mit 5–6 Knospen pro Pflanze groß genug zum Auspflanzen. Gekaufte Pflanzen sollten etwa 60 g schwer sein und 10–12 unbeschädigte Wurzeln besitzen.

Pflanzung: Ende März bis Anfang Mai im Abstand von 40 cm. Die Beetfläche muß vorher sehr tief (35–40 cm) gegraben und mit Kompost oder verrotetem Stallmist durchmischt sein. Es wird in Gräben von 25 cm Tiefe und 45–50 cm Breite in Nord-Süd-Richtung gepflanzt, die 120–150 cm weit entfernt sind. Dabei breitet man die Wurzeln auf kleinen Hügeln wie die Finger einer Hand aus und richtet sie gleichmäßig so aus, daß die Wachstumszonen alle in die gleiche Richtung weisen. Jetzt wird wieder Erde aufgefüllt, so daß die Pflanzen ca. 5 cm hoch mit Erde bedeckt sind, angegossen und reichlich eingeschlämmt. Im 1. Jahr bleibt der Graben offen und wird erst danach angefüllt.

Düngung: Organische Substanz wird während der ganzen Anbauperiode in beachtlichen Mengen benötigt. Stallmist und Gründüngung sowie Kompost sind die Lieferanten dafür. Im Pflanzjahr beträgt die Grunddüngung vor dem Einsetzen der Pflanzen ca. 30 g/m² Volldünger und im Juni nochmals 20 g/m².

In den Jahren danach jeweils nach der Ernte pro 50 Pflanzen (entspricht dem Bedarf einer Familie) 4 kg Volldünger ausbringen. Ebenfalls abgelagerten Stallmist als 2–3 Jahre vor dem Einebnen der Wälle.

Pflege: Das Land zwischen den Reihen kann anfangs mit Bohnen, Erbsen oder anderem Gemüse genutzt werden, bis der Spargel selbst den Boden deckt. Vom 3. Jahr an nach der Pflanzung kann erstmals geerntet werden, maximal 30 Tage lang, später je nach Witterung bis spätestens 24. Juni (Johanni), um den Pflan-

BESONDERE GEMÜSEARTEN

zen Zeit zur weiteren Blattbildung und Erholung zu geben.
Zur Ernte wird ein spezielles Stechmesser benötigt. Spargelspitzen werden 2mal täglich (morgens und abends) gesucht, die Stangen mit den Fingern freigelegt und mit dem Messer so abgetrennt, daß die Wurzeln geschont werden.
Wichtig ist gute Wasserversorgung und das Abschneiden des gelb gewordenen Spargelkrautes dicht über dem Boden im November. Sobald sich Anfang April der Boden erwärmt, wird über den Pflanzen ein 25–40 cm hoher Wall aufgeschüttet, um die Stangen lang und weiß zu erhalten und mit einer Schaufel glatt gestrichen. Dadurch werden durchstoßende Sprosse gut sichtbar. Auch das Abdecken der Beete mit transparenter(!) PE-oder Antitau-Folie hat sich bewährt, um die Ernte zu verfrühen und zu vereinfachen. Nach Johanni werden die Beete eingeebnet und bei dieser Gelegenheit gedüngt. Beim Grünspargel entfällt das Aufschütten der Dämme. Die Ernte erfolgt, wenn die erscheinenden Sprosse 15–25 cm lang sind.

Schädlinge: Spargelfliege: Insektenschutznetz verwenden. Im Herbst alte Strünke tief abschneiden. Befällt Junganlagen. Spargelhähnchen: frühzeitig absammeln.

Krankheiten: Spargelrost: Vor allem Junganlagen mit Pilzbekämpfungsmitteln spritzen.

Sorten: 'Lukullus', 'Schwetzinger Meisterschuß', 'Helios', 'Franklim F1', 'Gijnlim F1'. Grünspargel: 'Merrygreen', 'Martha Washington', 'Spaganiva'.

> Wer den Spargel nicht anhäufelt, erzielt Grünspargel. Gebleicht wird er auch durch Überbauen mit schwarzer Folie. Damit spart man sich das mühsame Anhäufeln. Außerdem kommt unter Lichtabschluß die Ernte von mehreren Tagen zusammen, erfordert also weniger Arbeit. Die unterschiedlich langen Triebe werden dann auf 15–18 cm Länge geschnitten.

Nicht ganz leicht anzubauen, aber sehr gesund: Spargel

BESONDERE GEMÜSEARTEN

Rhabarber

(Rheum rhaponticum). Knöterichgewächs

Die großblättrige Staude mit den aromatischen, rot- oder grünfleischigen Stielen wird im Frühling geerntet und liefert schon im April und dann bis Juni die Voraussetzungen für ein erfrischendes Kompott, für Saft oder für einen schmackhaften Rhabarberkuchen. Die Blätter sind durch ihren Gehalt an Oxalsäure stark sauer und damit ungenießbar. Auch die Stengel enthalten, wenn auch in geringerem Maße Oxalsäure. Rhabarber stammt aus Ostasien und gelangte über England und Frankreich zu uns, wo es für die Treiberei nach dem Winter spezielle Treibglocken gibt. Die Pflanzen entwickeln sich aus fleischigen Rhizomen, die geteilt und dann verpflanzt werden können. Erst nach 6–8 Jahren ist eine neue Pflanzung erforderlich.

Boden: Rhabarber benötigt einen fruchtbaren, feuchten, aber gut drainierten Boden ohne Staunässe, der auch im Halbschatten liegen kann.

Aussaat: Sie ist möglich, ist jedoch langwierig und umständlich und wegen der Variabilität der Sorten in ihrem Ergebnis nicht sicher. Deshalb werden die Stauden im Herbst geteilt und neu im Abstand von 1×1 m aufgepflanzt. Dabei sollen die Knospen knapp unter die Bodenoberfläche kommen.

Düngung: Der Nährstoffentzug ist hoch. Neben Stallmist und reichlich Kompost werden als Mineraldünger am Ende des Winters 60 g/m² Volldünger und nach der Ernte nochmals die gleiche Menge gegeben.

Pflege: Der Wasserbedarf ist während der gesamten Kulturzeit hoch, besonders jedoch während des Austriebs im Frühling. Die Pflanzen können mit großen Eimern, Tonnen oder Kisten abgedeckt, mit Laub oder Mist abgedeckt und damit in ihren Stielen noch zarter gemacht werden. Einfach ist es, eine Lochfolie über die Stauden zu breiten, die allerdings so reichlich nachgeben muß, daß die hochschießenden Stiele sie mittragen können. Alle erscheinenden Blütenstiele sollten sofort entfernt werden. Jede Woche kann die Pflanze geerntet werden, 3–4 Stiele bricht man dabei heraus (nicht schneiden), bis in den Juli hinein. Der stark ansteigende Oxalsäuregehalt setzt der Ernteperiode ein Ende.

Schädlinge, Krankheiten: keine

Sorten: 'Holsteiner Blut' (meist rotfleischig), 'The Sutton' (rotfleischig, grünfleischig), 'Vierländer', 'Viktoria'.

Rhabarber liefert das erste schmackhafte Frühgemüse. Im Sommer nimmt der Oxalsäuregehalt stark zu

BESONDERE GEMÜSEARTEN

Zuckermais

(Zea mays convar. *saccharata).*
Fam. Süßgräser

Zuckermais ist in den USA besonders populär, doch auch bei uns hat er an Beliebtheit stark gewonnen, seitdem es Züchtungen mit dem Extra-Gen für süßen Geschmack gibt. Diese Variante des Feldmaises bringt im September bis Oktober dicke Kolben hervor, die im Stadium der Milchreife besonders delikat sind. Jede Pflanze trägt nur 1–3 Kolben, die lang, goldgelb oder weißgelb und gleichmäßig mit Körnern besetzt sein sollen. Lücken sind auf schlechte Bestäubung zurückzuführen (Windbestäuber), daher immer in Gruppen anbauen. Man ißt sie frisch, kurz in heißem Wasser gegart und mit heißer Butter übergossen, geröstet, gegrillt oder entkernt und eingefroren oder für Salat. Sie schmecken frisch am besten, süß und aromatisch. Bei Lagerung geht der Geschmack schnell verloren, Traubenzucker wandelt sich dabei in Stärke.

Boden: Zuckermais gedeiht in sonniger, windiger Lage am besten auf warmem, humosen Gartenboden. Keine Staunässe!

Aussaat: Nach den Frösten ins Freie zu je 4–5 Korn im Abstand von 25×28 cm. Nach dem Aufgang wird auf 2 der stärksten Sämlinge verzogen. Auch die Vorkultur unter Glas Ende April in 8–10 cm Töpfe, jeweils 3–4 Korn, ist empfehlenswert. Nur die 2 stärksten Pflanzen bleiben nach dem Anwachsen stehen. Auch Häufeln fördert die Standfestigkeit.

Pflanzung: Mitte bis Ende Mai wird ausgepflanzt, Abstand 25×28 cm. Tief pflanzen, damit sich weitere Wurzeln bilden. Zur guten Bestäubung windigen Platz aussuchen.

Düngung: $30 \, g/m^2$ Volldünger vor der Saat der Pflanzung und 2 Gaben zu jeweils $20 \, g/m^2$ Kalkammonsalpeter im Juni und bei Blühbeginn.

Pflege: Anhäufeln, Hacken, Gießen.

Schädlinge: Maiszünsler: Läßt

Zuckermais schmeckt in der Milchreife am besten, die Staubfäden sind dann dunkelbraun

sich bereits mit Nützlingen bekämpfen.

Krankheiten: Maiskeulenbrand: Bekämpfung mit zugelassenen Fungiziden.

Sorten: 'Honeycomb F1', 'Tasty Sweet F1', 'Early Xtra-Sweet F1', 'Sperlings Goldprinz', 'Aztek'.

KRÄUTER

Heil-, Duft- und Gewürzkräuter für den Garten

Deutscher Name	Botanischer Name	Aussaat	Keim-temperatur	Keimdauer	Standort
Anis	*Pimpinella anisum*	April–Juni	10–15°	10–20 Tage	○ ◐
Bärlauch, Waldknoblauch	*Allium ursinum*	August–März	Kaltkeimer	60–180	◐ ●
Baldrian	*Valeriana officinalis*	August–Mai	0–10°	30–90	○ ◐ ●
Basilikum	*Ocimum basilicum*	Mai–Juli	15–25°	10–15	○
– Rotes Basilikum	*Ocimum basilicum*	Mai–Juli	15–25°	10–15	○
– Zitronen-Basilikum	*Ocimum basilicum*	Mai–Juli	15–25°	10–15	○
Bohnen- od. Pfefferkraut	*Satureja hortensis*	April–Juli	10–20°	10–15	○
Bergbohnenkraut	*Satureja montana*	März–Mai	10–20°	15–25	○ ◐
Borretsch	*Borago officinalis*	April–Juli	5–20°	10–20	○ ◐
Brunnenkresse	*Nasturtium officinale*	April–Juli	5–20°	8–15	◐ ●
Dill	*Anethum graveolens*	April–Juli	5–20°	8–15	○ ◐ ●
Estragon	*Artemisia dracunculus*	März–April	15–20°	15–30	○ ◐
Fenchel (Samenf.)	*Foeniculum vulgare*	April–Juni	10–20°	10–20	○ ◐
Goldmelisse	*Monarda didyma*	April–Juni	10–20°	15–25	○ ◐ ●
Kamille	*Chamomilla recutita*	April–Mai	10–20°	15–25	○ ◐
Kerbel	*Anthriscus cerefolium*	April–August	10–20°	10–20	○ ◐ ●
Koriander	*Coriandrum sativum*	April–Juli	10–20°	10–20	◐
Kümmel	*Carum carvi*	März–Juni	5–20°	15–25	○ ◐
Lavendel	*Lavandula vera*	April–Juni	10–20°	15–25	◐
Lein	*Linum usitatissimum*	April–Mai	10–20°	10–20	○
Majoran	*Majorana hortensis*	April–Mai	10–20°	15–25	○
Liebstock, Maggikraut	*Levisticum officinale*	März–Mai	15–20°	15–20	○ ◐
Mariendistel	*Silybum marianum*	April–Mai	10–20°	15–20	○ ◐
Oregano, Dost	*Origanum vulgare*	April–Mai	15–25°	15–25	○

☉ = einjährig ☺ = zweijährig a = ausdauernd

KRÄUTER

Direkt-saat	Pflanzen-abstand	Einj./Mehrj.	Verwendung
	40 × 20	☉	Für Suppen, zum Backen, für Kräuterschnaps
a	–	a	Würzkraut für Fleisch, Salat, Quark
	40 × 40	a	Heilkraut mit beruhigender Wirkung
a	20 × 20	☉	Würzkraut für Fleisch, Käse (Mozzarella), Salate
a	20 × 20	☉	Auch als Zierpflanze
a	20 × 20	☉	Wie Zitrone an Salaten, Soßen, Fleisch, Fisch
a	–	☉	Scharfe Würze für Bohnen, Soßen, Fleisch
	20 × 20	a	Kräftig schmeckend für Bohnen, Soßen, Fleisch
a	20 × 30	☉	Hübsche blaue Blüten, f. Gurkensalate, geg. Husten
a	–	☉ a	Wasserpflanze, für Salate, Suppen, Fisch, Quark
a	–	☉	Für Salate, Suppen, Fisch
	30 × 60	a	Würzkraut für Essig, Fisch, Wild, Geflügel
a	30 × 20	☉	Süß-würziger Geschmack. Der Samen für Tee, das Laub für Salate, Suppen, Quark
	40 × 40	a	Für Tees, gegen Husten
a	–	☉	Für Tees und Badezusätze, gegen Erkältung
a	–	☉	Würzkraut für Suppen, Soßen, Salat, Lamm
a	–	☉	Der Samen als Würzkraut zum Backen. Das Laub für fernöstliche und arabische Gerichte
a	–	☉	Der Samen zum Würzen von Käse, Kohlgerichten, Brot und für Schnaps, Pilzen
	30 × 40	a	Hübsch blühend. Blüten wirken gegen Motten, als Badezusatz, angenehm duftend
a	–	☉	Der Samen fördert die Verdauung. Die Stiele werden zu Leinen verarbeitet
a	–	☉	Würzkraut f. Wurst, Fleisch, Soßen, Suppen, Brot, Kart.
	50 × 50	a	Würzkraut für Suppen, Soßen, Fleisch
a	–	☉	Weißgrün gezeichnetes Laub. Heilend gegen Alkoholvergiftung, Leberschäden als Tee
	20 × 30	a	Würzkraut zum Grillen, zur Mittelmeerküche, Pizzas

Basilikum in Terrakottaschale

Borretsch – beliebt bei Insekten

Brunnenkresse im Balkonkasten

95

KRÄUTER

Heil-, Duft- und Gewürzkräuter für den Garten

Deutscher Name	Botanischer Name	Aussaat	Keim-temperatur	Keimdauer	Standort
Petersilie	*Petroselinum crispum*	April–August	10–20°	15–25	○ ◐
– Einfache Blatt-	*Petroselinum crispum*	April–August	10–20°	15–25	○ ◐
– Wurzel-	*Petroselinum crispum*	April–August	10–20°	15–25	○ ◐
Pfefferminze	*Mentha piperita*	April–Juni	10–20	15–20	◐ ●
Pimpinelle	*Poterium sanguisorba*	April–Juli	10–20°	10–20	○ ◐
Portulak	*Portulaca sativa*	April–Juli	10–20°	8–15	○
Rosmarin	*Rosmarinus officinalis*	März–Mai	15–20°	20–30	○
Salbei	*Salvia officinalis*	März–Juni	10–20°	15–25	○
Sauerampfer	*Rumex acetosa*	März–Juli	5–20	15–25	○ ◐ ●
Schnittlauch	*Allium schoenoprasum*	März–August	10–20	15–25	○ ◐ ●
Schnittknoblauch – Knoblauch-Schnittlauch	*Allium tuberosum*	März–Mai	10–20°	15–25	○ ◐
Salatrauke (Ruca)	*Eruca sativa*	ganzjährig	10–15°	10–15	○ ◐
Thymian	*Thymus vulgaris*	März–Mai	15–20°	15–25	○
Süßdolde	*Myrrhis odorata*	Sept.–April	Kaltkeimer	60–180	◐ ●
Waldmeister	*Asperula odorata*	Sept.–April	Kaltkeimer	60–180	◐ ●
Weinraute	*Ruta graveolens*	März–Mai	15–20°	20–30	○ ◐
Wermut	*Artemisia absinthium*	März–Mai	15–20°	20–30	○
Ysop	*Hyssopus officinalis*	März–Mai	15–20°	20–25	○ ◐
Zitronenmelisse	*Melissa officinalis*	März–Mai	15–20°	20–25	○ ◐

⊙ = einjährig   ⊙ = zweijährig   a = ausdauernd

KRÄUTER

Direkt-saat	Pflanzen-abstand	Einj./Mehrj.	Verwendung
a	–	☉	Würzkraut für Suppen, Fleisch, Salate, Gemüse
a	–	☉	Würzkraut für Suppen, Fleisch, Salate, Gemüse
a	–	☉	Für Suppen und als Gemüse
–	20 × 30	a	Heilkraut für Tees, zum Würzen von Soßen. Die besten Pflanzen durch Ableger vermehren
a	–	a	Würzkraut für Salate, Soßen (Frankfurter S.), Suppen
a	–	☉	Würzkraut für Salate, Suppen, zu Quark
–	20 × 30	a	Würzkraut für Fleisch, Fisch, Soßen, südländ. Küche
–	30 × 30	a	Heilkraut, als Tee gegen Krämpfe. Als Würzkraut bei Suppen, Soßen, Wild, Geflügel, Fleisch
a	–	a	Würzkraut für Suppen, Soßen, Salate; gegen Husten
a	–	a	Würzkraut für Salate, Quark, Suppen, Fleisch. Zum Treiben im Winter
a	–	a	Im Geschmack wie Knoblauch. Für Salate, Suppen, Soßen, Fleisch
a	–	☉	Würzkraut mit interessantem Geschmack, für Salate, Suppen, Soßen, Fleisch
–	20 × 25	a	Würzkraut zu fetten Speisen, Quark, Salaten. Heilkraut gegen Krämpfe und Asthma
–	80 × 100	a	Heilkraut für Tees, Würzkraut mit süßaromatischem Geschmack für Salate, Soßen, Suppen
a	–	a	Aromatisiert Wein, Bowle, Wild, Salat, löst Krämpfe
–	30 × 40	a	Hübsche Staude. Aromatisiert Wein und Trester. Zum Würzen von Fleisch, Wild, Salat
–	40 × 50	a	Hübsche Staude. Zum Würzen fetter Speisen. Gegen Magenleiden
–	30 × 30	a	Hübsche Staude. Zum Würzen fetter Speisen, Eigerichten, Salaten
–	30 × 40	a	Würzkraut anstelle von Zitrone zu Fisch, Fleisch, Salaten. Als Heilkraut gegen nervöse Beschwerden

Weinraute am Ziergarten

Rosmarin ist nicht winterhart

Kräuterspirale

97

REGISTER

A
Ackerbohne 95
Ägyptische Zwiebel 87
Allium 84, 85, 86, 97, 96
Aussaat im Freien 37
Aussaat im Zimmer 38
Anbauplan 9, 10, 11
Anethum 94
Anis 94
Anlage 6
Anthriscus 94
Anzuchterden 38
Artemisia 94
Artischocken 88
Asparagus 89
Aubergine 69
Auflaufkrankheiten 33

B
Baby-Beets 82
Bacillus thuringiensis 29
Bärlauch 96
Bakterien 29
Baldrian 94
Basilikum 94
Beetbreite 7
Bentonit 19
Bergbohnenkraut 94
Beta 50
Biologischer Pflanzenschutz 28
Bittersalz 19
Blattläuse 32
Blattbatavia 57
Blattspritzung 19
Blumenerde 38, 42
Blutmehl 15
Bleichspargel 89
Boden 12
Bodenverbesserung 18
Bohnenfliege 61
Bohnenkraut 94
Borago 94
Borretsch 94
Branntkalk 13
Braunfäule 33, 71, 72
Brassica 42, 43, 44, 45, 46, 47, 48, 82, 83
Brokkoli 43
Brunnenkresse 94
Buchweizen 17

Buschbohnen 60
Butterkohl 44

C
Capsicum 69
Cardy 89
Carotin 74
Chamomilla 96
Chicoree 52
Chilipfeffer 69
Chinakohl 43
Chinesischer Senfkohl 44
Cichorium 52, 53, 58, 59
Coriandrum 96
Cucumis 64
Cucurbita 66, 67, 68
Cynara 88, 89

D
Daucus 74
Dicke Bohnen 61
Dill 94
Dost 96
Duftstoffe 20

E
Eichblattsalat 57
Eierfrucht 72
Eissalat 54
Endivien 53
Erbsen 63
Erdflöhe 32
Erdklee 17
Erdraupen 48
Erzwespen 30
Esparsette 17
Estragon 96
Etagenzwiebel 85

F
F1-Hybriden 35
Fadenwürmer 8, 28
Federkohl 45
Feigenblattkürbis 64, 66
Fenchel, Samen- 94
–, Knollen- 74
Flaschenkürbis 66
Fliegende Untertassen 67
Florfliegen 30
Foeniculum 74, 94
Folie 24
Frisee-Endivien 53

Fruchtfolgeplan 9, 10, 11
Fruchtwechsel 8
Frühbeete 24, 25
Fusarium 9

G
Gartendoktor-Mischung 17
Gelbsenf 17
Gelbsticker 31
Gemüsefenchel 74
Gemüsefliegen 24, 32
Gewächshaus 25, 26, 27
Goldmelisse 94
Grauschimmel 33
Gründüngung 13, 16, 17
Grünkohl 45
Grünspargel 89
Gurken 64
Gurkenwelke 33

H
Hacken 13
Heizung 27
Honigmelone 68
Hornspäne 15
Horstsaat 37, 38
Hügelbeete 22
Hochbeete 22
Humus 12

I
Inkarnatklee 17
Insektenschutznetz 24
Integrierter Anbau 28, 31
Ionenaustausch 18

J
Jungfernfrüchtige Sorten 64

K
Kalebassen 66
Kali 18
Kalibriertes Saatgut 34
Kalk 18, 38
Kalkstickstoff 14
Kalkung 12
Kamille 96
Kapillaren 13
Karotten 74
Keimfähigkeit 34
Keimtest 34

Kerbel 94
Knoblauch 20, 85
Knoblauch-Schnittlauch 85
Knollenfenchel 74
Kohlensaurer Kalk 14
Kohlhernie 33
Kohlrabi 46
Kohlrüben 82
Kompost 13, 14
Komposthaufen 14, 15
Kompostsilos 14
Kopfsalat 56
Koriander 96
Kraussalat 57
Krautfäule 33
Kräuter 20
Krulsalat 57
Kubaspinat 59
Kümmel 94
Kürbisse 66

L
Lactuca 54, 56, 58, 59
Langzeitdünger 19
Lauch 84
Lauchmotte 32
Lauchzwiebeln 87
Laufkäfer 31
Lavendel 96
Lavendula 96
Leguminosen 16
Lehmboden 12
Leichte Böden 12
Leimtafeln 31
Lein 94
Levisticum 96
Liebstock 96
Linum 94
Löschkalk 13
Lollo-Salat 57
Lupinen 17
Luzerne 17
Lycopersicum 70

M
Maggikraut 96
Mairüben 83
Majoran 94
Majorana 94
Magnesium 18
Mangold 50

REGISTER

Mariendistel 96
Marienkäfer 30
Mehltau, Echter 33
–, Falscher 33
Melonensquash 67
Melonen 68
– Zuckermelone 68
– Wassermelone 68
Mentha 96
Minarettkohl 38
Mineraldüngung 18
Mischkulturen 20, 34
Mist 15, 26
Möhren 74
Moorboden 12
Moschuskürbis 66
Mottenschildlaus 32
Mulch 13

N
Nährhumus 16
Namenia 83
Nasturtium 96
Nematoden 8, 20, 28, 32
Nitrat 51
Nitrit 51
Noppenfolie 27
Nützlinge 7, 29, 30, 31

O
Ocimum 94
Ölrettich 17
Ohrwürmer 30
Oregano 96
Origanum 96
Organische Düngung 18
Oxalsäure 61

P
Paprika 70
Parthenocarpe Sorten 64
Pastinaken 76
Pastinaca 76
Patisson 67
Perserklee 17
Petersilie 76, 96
– Blattpetersilie 76
– Schnittpetersilie 76
Petroselinum 76, 96
Pfefferkraut 94
Pfefferminze 96

Pflanzenernährung 18
Pflanzenschutz 28, 29
Pflücksalat 57
pH-Wert 12
Phacelia 17
Phosphor 18
Phytophthora 71, 72
Pikieren 39
Pillensamen 34
Pisum 62
Pimpinella 94
Pimpinelle 96
Platterbsen 17
Porree 84
Portulak 96
Portulaca 96
Poterium 96
Puffbohnen 61

R
Radieschen 77
Radicchio 50
Raphanus 77
Raubwanzen 31
Raupen 32
Raupenfliege 30
Regenwürmer 13, 16
Resistente Sorten 35, 64
Rettich 78
Rhabarber 92
Rheum 92
Riesenkürbis 66
Rippenmangold 50
Roggen 17
Romanasalat 50
Römersalat 50
Rosenkohl 47
Rote Bete 82
Rote Rüben 82
Rote Spinne 32
Rotenburger Gemenge 17
Rotkohl 58

S
Saatbänder 34
Saatgut 34
Saatgutformen 34
Samenbeizung 36
Salatfäule 33
Sandige Böden 12
Satureja 96
Sauerkraut 48

Sauzahn 13
Säuregehalt 12
Schalotten 87
Schatten 6
Schlitzfolie 38
Schlupfwespen 30
Schmetterlingsblütler 16
Schnittknoblauch 85
Schnittmangold 50
Schnittsalat 50
Schwarzwurzeln 80
Schwarzbeinigkeit 33
Schwebfliegen 30
Scorzonera 80
Sellerie 80
Sellerie-Blattflecken 33
Seradella 17
Siebenpunkt 30
Silberzwiebeln 87
Silybum 96
Sklerotinia 33
Solanum 93
Sonnenlicht 27
Sortenwahl 31
Spaghettikürbis 67
Spargelkohl 43
Speisekürbis 66
Speiserüben 83
Spinat 51
Spinacea 51
Spinnen 31
Spinnmilben 32
Spitzkohl 48
Spurenelemente 19
Squash 67
Starkzehrer 23
Steckrüben 82
Stegdoppelplatten 27
Steinmehl 19
Stickstoff 15, 18
Stielmangold 50
Stielmus 83

T
Teltower Rübchen 83
Tomaten 71
– Ampeltomaten 73
– Balkontomaten 73
– Buschtomaten 73
– Cocktailtomaten 73
– Eierfrüchtige 73
– Fleischtomaten 72

– Kirschtomaten 73
– Obsttomaten 73
Tonböden 12
Tonmehl 19
Torf 13, 38
Torftabletten 38
Türen 26
Tunnels 24

U
Umfallkrankheit 33

V
Valeriana 96
Valerianella 55
Vicia 61
Viren 28
Vlies 24, 38
Vorratsdüngung 19

W
Waldknoblauch 96
Wege 7
Weichkäfer 30
Weidelgras 17
Weiße Fliege 31, 32
Weißkohl 48
Winterportulak 59
Wirsingkohl 48
Wühlmäuse 29

Z
Zea 93
Zitronenbasilikum 94
Zucchini 68
Zuckerhutsalat 59
Zuckermais 93
Zwiebel 86
– Gemüsezwiebel 86
– Lauchzwiebel 86
– Silberzwiebel 86

Garten – ein immergrünes Thema

BLV Gartenbücher

Wolfram Franke
Faszination Gartenteich

Handbuch Garten
Das große Nachschlagewerk für alle Fragen der Gartenpraxis

David Joyce
Blütenpracht für jeden Winkel
Blumen in Ampeln, Körben, Kübeln, Schalen

Mary Keen
Gärten in allen Farben
Die schönsten Kombinationen in Blau, Rot, Gelb, Grün und Weiß

Christoph und Maria Köchel
**Kübelpflanzen –
Der Traum vom Süden**
Wintergärten und Terrassen gekonnt gestaltet

Marie-Luise Kreuter
Der Bio-Garten
Der praktische Ratgeber für den naturgemäßen Anbau von Gemüse, Obst und Blumen

Marie-Luise Kreuter
Pflanzenschutz im Bio-Garten

Marie-Luise Kreuter
So entsteht ein Bio-Garten
Für alle, die anfangen und es richtig machen wollen

Paul Lesniewicz
Bonsai
Miniaturbäume

Herbert W. Ludwig u. a.
Erlebnis Gartenteich
Tiere beobachten und erkennen

Michael Lohmann
Das Naturgartenbuch
Grundlagen und praktische Anleitungen

Petra Michaeli-Achmühle
BLV Garten-Lexikon

Frances Perry
Ein Garten voller Düfte

Margot Schubert
Im Garten zu Hause
Margot Schuberts großes illustriertes Gartenbuch

Martin Stangl
Mein Hobby - der Garten

Christiane Widmayr-Falconi
Bezaubernde Gärten
Ideen und Anregungen aus Cottage- und Landhaus-Gärten zum Nachgestalten

Reinhard Witt
Naturoase Wildgarten
Überlebensraum für unsere Pflanzen und Tiere
Planung Praxis Pflege

BLV Gartenberater

Hendrik Nicolaas Cevat
Was fehlt denn meiner Zimmerpflanze?
Schäden erkennen und behandeln

Werner Funke
Der Obstgehölzschnitt
Obstbäume und Beerensträucher zweckmäßig schneiden und erziehen

Edgar Gugenhan
Bunte Gärten auf Balkon und Terrasse
Gestaltung, Pflege, Pflanzenauswahl

Kurt Henseler
Der Pflanzendoktor für den Hausgarten

Hugo Herkner
Rund um den Wassergarten
Gestaltung und Pflege, Pflanzen und Tiere

Karlheinz Jacobi/ Dietrich Mierswa
Gärtnern unter Glas und Folie
Kleingewächshäuser und Frühbeete, Bau, Technik, Nutzung

Marie-Luise Kreuter
Kräuter und Gewürze aus dem eigenen Garten
Naturgemäßer Anbau, Ernte, Verwendung

Günther Liebster
Freude und Erfolg im eigenen Gemüsegarten

Peter Hans Nengelken
Wintergärten und Überdachungen
Planen, Bauen, Bepflanzen

Wolfgang Rysy
Orchideen
Tropische Orchideen für Zimmer und Gewächshaus

Elisabeth Schmitt/ Karlheinz Jacobi
Der Garten im Jahreslauf

Martin Stangl
Freude und Erfolg im eigenen Obstgarten

Martin Stangl
Stauden im Garten
Auswahl, Pflanzung, Pflege

Christiane Widmayr
Bauerngärten neu entdeckt
Geschichte, Anlage, Pflanzen, Pflege

Dies ist nur eine Auswahl aus über 110 Titeln zum Thema.

In unserem Verlagsprogramm finden Sie Bücher zu folgenden Sachgebieten:

Garten und Zimmerpflanzen • Natur • Angeln, Jagd,
Waffen • Pferde und Reiten • Sport und Fitness •
Reise und Abenteuer • Wandern und Alpinismus •
Auto und Motorrad • Essen und Trinken • Gesundheit

Wünschen Sie Informationen, so schreiben Sie bitte an:

BLV Verlagsgesellschaft mbH • Postfach 40 03 20 • 8000 München 40